CAHIER D'ACTIVITES
à l'écoute et par écrit

Par ici

Echanges intermédiaires

Anne Nerenz
Eastern Michigan University

Robert Ariew
University of Arizona

D. C. HEATH AND COMPANY
Lexington, Massachusetts   Toronto

Address editorial correspondence to:

D. C. Heath and Company
125 Spring Street
Lexington, MA 02173

Illustrations by Claude Martinot.

Published simultaneously in Canada.

Printed in the United States of America.

International Standard Book Number:
0–669–24887–8

10   9   8   7   6   5   4   3   2   1

Preface

Par ici is an intermediate French program designed to help you learn to carry out a variety of high-frequency communication tasks. These tasks, called functions, range from the most basic—such as greeting, introducing yourself or someone else, responding to an introduction, describing physical appearance, identifying and pointing out people, describing character and temperament—to more complex functions and groups of functions, like interrupting and regaining the floor, telling a story, stating and supporting an opinion, and hypothesizing.

The *Par ici* workbook and laboratory manual, *Cahier d'activités: à l'écoute et par écrit*, contains twelve chapters that correspond to the twelve chapters in your student text. The activities in the *Cahier* will allow you to practice and perfect the functions and structures presented in the text. They are divided into two types:

- activities that help you to communicate in writing using the functions, related sets of expressions, and grammatical structures.

- activities in which you listen and respond to materials that illustrate the functions, related sets of expressions, and grammatical structures.

For each chapter, three workbook sections (writing) are followed by three laboratory manual sections (listening), corresponding to the three sections in the student text.

The Workbook

Like the main text, the activities in the workbook (called *Au travail*) focus on both functions and structures. Each section of the workbook begins with a segment *(Fonctions)* containing one or two activities that practice and reinforce the functions of the corresponding textbook chapter. The *Structure* segment that follows is divided into two parts: *Préparation* and *Pratique*.

- *Préparation* provides a review of essential first-year grammar structures that are related to the intermediate-level grammar topic in your student text. An icon in the student text reminds you to preview this grammar explanation and complete the accompanying activities before proceeding with the text topic. To provide immediate reinforcement, these first-year grammar activities are self-checking, with answers provided at the back of the workbook/laboratory manual. *Préparation* ensures that a minimum level of structural competence is established before the intermediate-level structure is presented in class.

- The second part of the workbook's *Structure* segment, entitled *Pratique*, contains two to three activities, both structured and open-ended, on the grammar point presented in your text. Designed to be completed after class, these activities reinforce the day's work on the grammar topic.

Tips on Using the *Au travail* Sections

For activities composed of a series of sentences or short scenes, read the directions and study the models carefully. This will help you identify the kinds of questions and types of responses you will be asked to write. Prepare for and complete longer writing activities as follows:

- Identify a topic and brainstorm about it, writing down everything that comes to mind.

- Read over what you have written and eliminate ideas and vocabulary that are only incidental to your topic.

- Organize the remaining ideas into paragraphs, each with a topic sentence supported by pertinent details.

- Write a concluding sentence or paragraph that sums up your composition.

Always reread your written work for accuracy, meaning, and overall organization.

The Laboratory Manual and Cassette Program

Like the main text, the Laboratory Manual and Cassette Program focus on both functions and structures. Each laboratory manual section (called *A l'écoute*) opens with a *Fonction* segment consisting of one or two recorded activities to which you mark or write answers in the lab manual. Dictations are also included. In the following *Structure* segment, some activities are strictly oral, while others, including some dictations, require written answers.

The Cassette Program provides opportunities for you to develop your skills of understanding main ideas and significant details and to focus on the expressions used to carry out the function. You will also be encouraged to comment on and interpret each passage.

Standard features of the Cassette Program include complete explanations of French sounds and intonation patterns in the section *Phonétique*, a variety of corollaries to the Dialogue or listening passage in each *Fonction* section of the listening program, and a cumulative listening segment based primarily on authentic passages *(Scénario). Scénario* activities draw on material from all three sections of the chapter. The complete Cassette Program is available for student purchase.

Tips on Using the Listening Materials

For activities composed of a series of sentences or short scenes, read the directions and study the models carefully. This will help you identify the kinds of information you will hear and the types of responses you will be required to make.

Prepare for and complete longer listening comprehension activities as follows:

- Think about the title and introductory materials to get a general idea of the topics presented in the passage.

- Read over the comprehension questions before listening to the tape. This will help you to determine what to listen for.

- The first time you listen to the passage, try to identify the characteristics of the passage and its main ideas.

- Once you have understood the gist of the passage, listen to it again focusing on the most significant details.

Instructor's Support Materials

The *Instructor's Resource Manual* provides answers to the second-year grammar exercises found in the Workbook and answers to written activities in the Laboratory Manual. A written transcription of all recorded material is also available from the publisher.

Contents

Chapitre 1
Faire connaissance

/ *Enchanté(e) de vous connaître!*

FONCTION

ACTIVITE 1: Remplacez chaque expression en **caractères gras** avec une expression équivalente. N'oubliez pas de remplacer une expression formelle avec une autre expression formelle; remplacez les expressions familières avec d'autres expressions familières.

Scène A

1. —Salut, Marie-Claire!

   —**Bonjour**, Marc. Suzanne, **voici mon ami**, Marc LeVeau. Marc, **c'est** Suzanne Dupont. **Suzanne habite près de chez moi.**

   _____

   _____

2. —**Bonjour**, Suzanne.

   _____

3. —**Enchantée**. Vous avez le temps de prendre quelque chose?

   _____

4. —Merci, non. **J'ai cours dans cinq minutes**. Marie-Claire, tu vas à la soirée chez Jean-Luc?

   _____

5. —Bien sûr! Et Suzanne va venir aussi.

   —**Alors, à ce soir!**

   _____

6. —**A tout à l'heure.**

   _____

Scène B

1. —Bonjour, Madame. Bonjour, Monsieur.

   —Bonjour, Monsieur.

   —**Vous vous connaissez?**

   _____

2. —Non, **je n'ai pas eu le plaisir de faire sa connaissance.**

   _____

3. —Alors, **permettez-moi de vous présenter.** Voici Jacqueline Chanfère, la nouvelle directrice du personnel. **Je vous présente** Charles Duteau, directeur des recherches.

   _____

   _____

4. —**Bonjour, Madame.**

   _____

5. —**Je suis enchantée de faire votre connaissance.**

   _____

STRUCTURE

PREPARATION: Les Pronoms sujets; l'emploi du présent; le futur proche

Les Pronoms sujets

There are nine subject pronouns in French.

Designating one person:	**je, tu, vous, il, elle, on**
Designating more than one person:	**nous, vous, ils, elles**

Remember the following points:

1. The impersonal pronoun **on** is equivalent to the pronouns *one, they,* or *we.*

   On parle français ici.   One speaks French here; we speak French here.

   On parle français au Québec.   They speak French in Quebec.

2. **Vous** is used to refer to both one person (formal speech) or more than one person (informal and formal speech). Although young people often address new acquaintances using **tu, vous** is generally used with new acquaintances older than oneself and to show respect.

L'Emploi du présent

The present tense in French is used to describe general conditions or events taking place at the moment. Note that it corresponds to several constructions in English.

J'habite dans cet immeuble.

I live in this apartment building.

I am living in this apartment building.

I do live in this apartment building.

Le Futur proche

The **futur proche** is used to describe events that are going to take place in the immediate future. It is formed using a conjugated form of **aller +** *infinitive.*

Je vais démenager demain.

Nous allons trouver un autre appartement.

Tu vas assister au concert ce soir.

Vous allez aller au café cet après-midi.

Il/elle/on va travailler.

Ils/elles vont sortir avec Henri demain soir.

ACTIVITE 2: Donnez le pronom sujet qui correspond à chaque expression, puis vérifiez vos réponses dans l'appendice.

MODELE: vous trois _____vous_____

1. toi et moi_____
2. Roger _____
3. toi_____
4. Philippe et David _____

5. Elise _____
6. moi _____
7. Anne et Diane _____
8. toi et ton petit frère _____

ACTIVITE 3: Choisissez la (les) traduction(s) en anglais pour chaque phrase en français, puis vérifiez vos réponses dans l'appendice.

1. J'habite à Paris.

_____ a. I live in Paris.

_____ b. I used to live in Paris.

_____ c. I lived in Paris.

_____ d. I am living in Paris.

2. Il joue de la guitare.

_____ a. He is going to play the guitar.

_____ b. He is playing the guitar.

_____ c. He does play the guitar.

_____ d. He plays the guitar.

3. Nous attendons l'ascenseur.

_____ a. We waited for the elevator.

_____ b. We are waiting for the elevator.

_____ c. We will wait for the elevator.

_____ d. We wait for the elevator.

PRATIQUE: Le Présent des verbes; La Négation

ACTIVITE 4: Voici plusieurs présentations. Complétez chaque présentation avec la forme correcte du verbe entre parenthèses. Ensuite, lisez les présentations et indiquez quel dessin correspond à la personne décrite.

A. Je m'appelle Jeanne Gironne et voici ma collègue Yvonne Dutrois. Nous

(1. travailler) _____ pour la société Renault, où nous

(2. finir) _____ les dessins des nouveaux modèles. Je

(3. travailler) _____ aussi dans le marketing et Yvonne

(4. choisir) _____ les couleurs pour les nouveaux modèles.

Nous (5. attendre) _____ à tout instant l'annonce publicitaire

pour notre nouveau super-turbo.

• C'est le dessin numéro _____.

B. Je m'appelle Giselle Cantine et je (6. travailler) _____ pour la

société Montalève. Je suis ingénieur. Je me (7. spécialiser)

_____ dans la construction de ports océaniques. Dans mon

poste, je (8. voyager) _____ dans le pays où je (9. surveiller)

_____ le terrain; ensuite je (10. choisir) _____

les plus beaux havres *(harbors)*; je (11. dessiner) _____ le port;

et finalement, je (12. préparer) _____ des rapports techniques;

je (13. rendre) _____ visite aux directeurs de finance; et enfin j'

(14. attendre) _____ la construction du nouveau port.

- C'est le dessin numéro _____.

C. Madame Dulac, j'ai le très grand plaisir de vous présenter au groupe ce matin.

Si je comprends bien, vous (15. travailler) _____ pour la société

Danone où vous (16. finir) _____ un nouveau projet. On m'a

dit que vous n' (17. adhérer)_____ pas du tout aux recettes

traditionnelles du yaourt *(yogurt)* et que vous vous (18. intéresser)

_____ au développement d'un yaourt plus moderne. Vous

(19. vendre) _____ ce produit au moment actuel au Canada et

le public (20. répondre) _____ au nouveau produit avec

enthousiasme.

- C'est le dessin numéro _____.

D. Je suis très contente de vous présenter Madame St-Loup et Madame Dufour.

Elles nous (21. rendre) _____ visite aujourd'hui pour nous

parler des logiciels *(computer programs)* qu'elles (22. vendre)

_____. Madame St-Loup (23. finir) _____ un

nouveau logiciel à la disposition des artistes professionnels avec lequel on

(24. choisir) _____ toute une gamme *(spectrum)* de couleurs. Les

logiciels de Madame Dufour (25. répondre) _____ aux besoins

de l'artiste amateur. Mesdames St-Loup et Dufour, soyez les bienvenues!

- C'est le dessin numéro _____.

ACTIVITE 5: Lisez les conclusions suivantes, puis complétez les mini-dialogues avec la forme correcte du verbe entre parenthèses. Enfin choisissez la meilleure conclusion pour décrire les mini-dialogues.

Conclusions:

A. Ils ne comprennent pas les goûts de leur amie en ce qui concerne la musique.

B. Les deux hommes ne sont pas collègues.

C. Selon les règles de l'étiquette, il est toujours correct de présenter deux amis qui ne se connaissent pas.

D. C'est une bonne amie.

1. —Pardon, Monsieur. Vous vous (appeler) _____ Jacques Macé et vous (être) _____ le nouveau directeur du personnel du groupe Santal, n'est-ce pas?

    —Vous me (connaître) _____ ? Je ne le pense pas. Je ne m' (appeler) _____ pas Jacques Macé et de plus je ne (être) _____ pas d'ici.

    • Conclusion _____

2. —Tu (connaître) _____ Jeannette?

    —Jeannette Lefèvre? Bien sûr que je la (connaître) _____ ! Elle (être) _____ ma cousine! En plus, nous (partager) _____ le même bureau; nous (prendre) _____ le même train le matin.

    —Ah, bon. Tu la (voir) _____ souvent?

    —Oui. Nous (avoir) _____ les mêmes heures; alors nous nous (voir) _____ tous les jours.

    • Conclusion _____

3. —Vous (préférer) _____ le jazz ou la musique classique?

    —Moi, je (préférer) _____ la musique classique. Je n'aime pas le jazz. Je n' (acheter) _____ jamais de disques de jazz. En fait, mes amis et moi, nous n' (acheter) _____ que les disques de musique classique.

    —Vous (exagérer) _____ !

    —J' (exagérer) _____ ? Pas du tout.

    —Alors, pourquoi avez-vous acheté ces billets pour le concert de jazz ce soir?

—Je ne (aller) _____ pas assister au concert. C'est pour une

amie qui (aller) _____ avec ses amis! Ils (préférer)

_____ tous le jazz et ils _____ (faire) même

partie d'un petit orchestre.

• Conclusion _____

ACTIVITE 6: Répondez négativement aux questions suivantes. Employez l'expression négative entre parenthèses et ajoutez des commentaires pour expliquer vos réponses.

MODELE: Tu aimes Miles Davis, n'est-ce pas? (ne… pas du tout)

<u>Non, je n'aime pas du tout Miles Davis. Et je déteste le jazz.</u>

1. Tu trouves le jazz très intéressant, n'est-ce pas? (ne… rien)

   _____

2. Tu aimes les vedettes comme Bruce Springsteen ou comme Vanessa Paradis? (ne… personne)

   _____

3. Est-ce que vous préférez la musique classique ou le rock? (ne… que)

   _____

4. Que pensez-vous de la musique classique? (ne… pas du tout)

   _____

5. Je trouve passionnant les films d'aventure et les films d'horreur! Et toi? (ne… ni… ni…)

   _____

6. Qu'est-ce que vous pensez des films d'amour? (ne… absolument pas)

   _____

7. Tu as déjà vu le nouveau film de Spielberg? (ne… pas encore)

   _____

8. Vous préférez les sports individuels ou les sports d'équipe? (ne… que)

   _____

9. Vous jouez souvent au football américain? (ne… plus)

   _____

10. Est-ce que tu travailles souvent pendant le week-end? (ne... jamais)

   _____

FONCTION

ACTIVITE 1: Lisez les descriptions des goûts sportifs de David ci-dessous. Ensuite, d'après les descriptions de ses goûts, mettez les sports en ordre. Commencez par ceux qu'il aime beaucoup et terminez par ceux qu'il n'aime pas du tout.

A. Il aime beaucoup le tennis.

B. Il préfère le football au tennis. Il pense que c'est un sport extraordinaire.

C. Le jogging lui plaît beaucoup, même plus que le cyclisme mais moins que le tennis.

D. Il préfère le cyclisme au golf, mais il prend plus de plaisir au tennis qu'au cyclisme.

E. Il trouve le base-ball moins intéressant que le golf, mais à son avis, c'est plus intéressant que le basket-ball, le surf ou la planche à voile.

F. Il a horreur du surf.

G. Il déteste la planche à voile, mais il l'aime plus que le surf.

Il adore

1. _____

2. _____

3. _____

4. _____

5. **le golf**

6. _____

7. _____

8. _____

9. _____

Il déteste

ACTIVITE 2: Pour chaque phrase, écrivez une phrase qui exprime un goût contraire. Utilisez une expression différente à chaque fois.

MODELE: J'adore le jazz!

<u>A mon avis, le jazz est monotone. Je préfère le rock!</u>

1. J'aime beaucoup le tennis.

_____

2. Je déteste le reggae.

_____

3. L'art moderne me plaît beaucoup.

   _____

4. J'ai horreur de l'opéra.

   _____

5. Les films français m'intéressent beaucoup.

   _____

6. J'adore la musique classique.

   _____

STRUCTURE

PREPARATION: La Construction **verbe** + **infinitif**

Sentences that include an infinitive are quite common in French; many follow the pattern *subject* + *conjugated verb* + *infinitive*.

J'**aime chanter**.

Je **préfère écouter** la musique classique.

Je **déteste parler** aux professeurs.

Je **voudrais présenter** mon ami à mes parents.

Some verbs that take no preposition before an infinitive include the following:

aimer (bien, mieux) *to like*	oser *to dare*
aller *to go*	paraître *to seem*
compter *to count on, expect*	pouvoir *to be able, can*
croire *to believe*	préférer *to prefer*
désirer *to want, desire*	savoir *to know, know how*
détester *to dislike, hate, detest*	sembler *to seem*
devoir *to have to*	venir *to come*
espérer *to hope*	voir *to see*
falloir (il faut) *to have to*	vouloir *to want*
laisser *to let; to leave*	

ACTIVITE 3: Donnez votre opinion et décrivez vos goûts en répondant à chaque question. Utilisez la construction *verbe* + *infinitif* et essayez de varier les expressions.

MODELE: Est-ce que vous aimez assister aux concerts de jazz?

J'aime bien (je n'aime pas) assister aux concerts de jazz.

1. Est-ce que vous comptez sortir avec des amis ou rester à la maison ce week-end?

   _____

2. Est-ce que vous pouvez sortir avec des amis après la classe aujourd'hui?

   _____

3. Est-ce que vous aimez regarder les sports à la télé?

    _____

4. Savez-vous jouer au tennis? Au hockey? Au golf? Au foot? Au football américain?

    _____

5. Préférez-vous écouter la musique classique ou le rock?

    _____

6. Espérez-vous regarder un film ce soir si vous avez le temps?

    _____

7. Allez-vous regarder la télévision ou assister à un concert ce week-end?

    _____

8. Devez-vous travailler ou étudier ce soir?

    _____

Cet été,
L'HÔTEL CHÂTEAU
MONT SAINTE-ANNE
vous propose
pour vos vacances:
ACTIVITÉS ET PLEIN AIR

ACTIVITE 4: Lisez la liste d'activités et de services décrits dans ce dépliant pour l'Hôtel Château Mont Sainte-Anne près de la ville de Québec. Ensuite, utilisez la construction **verbe + infinitif** pour parler de ce que vous aimeriez (ou n'aimeriez pas) faire si vous passiez vos vacances là-bas avec vos ami(e)s.

MODELES: Nous voulons faire de l'équitation.

Nous ne comptons pas participer à un atelier *(workshop)* de vélo de montagne.

Activités:
- Piscine
- Tennis (3 terrains)
- 2 golfs 18 trous
- Pistes cyclables
- Équitation
- Ballon-volant
- Badminton
- Croquet
- Pétanque
- Fer à cheval
- Pistes de condition-nement physique
- Pistes de jogging
- Sentiers pédestres
- Cliniques de natation
- Cliniques de tennis
- Cliniques de vélo de montagne
- Visites guidées des chutes Jean Larose
- Jeux d'intérieur avec animateur
- Jeux de société
- Croisières sur le fleuve St-Laurent

HÔTEL CHÂTEAU MONT SAINTE-ANNE
500, boul. Beau-Pré
Beaupré, Québec

Services:
- Salle d'exercices
- Sauna
- Bain tourbillon
- Massage
- Piano-bar
- Discothèque
- Restaurants
- Salon de coiffure
- Tabagie
- Boutique de sport
- Animation
- Salle de jeux
- Câble

Nouveau
- Bar-restaurant Les Terrasses

1. aimer bien _____

2. désirer _____

3. détester _____

4. oser _____

5. préférer _____

6. vouloir _____

PRATIQUE: La Construction **verbe** + **préposition** + **infinitif**

ACTIVITE 5: Savez-vous jouer au football? Aimez-vous regarder les matchs de football à la télé? Complétez le dialogue suivant avec la préposition **à** ou **de**, ou X si une préposition n'est pas nécessaire, puis donnez un résumé de l'idée principale.

—Tu aimes bien (1.) _____ jouer au football?

—C'est-à-dire que...

—Bon, alors je vais t'apprendre (2.) _____ jouer. Tout le monde doit savoir jouer. Il ne faut pas tarder (3.) _____ apprendre. Un jour, on va t'inviter (4.) _____ jouer au football et tu vas être contente de cette leçon! Alors, regarde! C'est très facile! D'abord on tape le ballon avec le pied... Tu vas t'habituer (5.) _____ courir comme ça et tu arriveras bientôt (6.) _____ aimer ce sport.

—Attends! C'est que...

—Vas-y! Il ne faut pas avoir peur (7.) _____ jouer. C'est facile.

—J'hésite (8.) _____ te le dire... mais...

—Cesse (9.) _____ faire le bébé. Tu veux (10.) _____ jouer ou non? Tu veux que je t'enseigne (11.) _____ jouer ou non?

—Euh...

—Consens-tu (12.) _____ essayer (13.) _____ jouer un peu avec moi? Crains-tu (14.) _____ te montrer pas assez sportive?

—Certainement pas! Mais j'ai horreur (15.) _____ t'embarrasser et je dois te dire que j'ai joué au foot depuis longtemps. C'est au football américain que je ne sais pas (16.) _____ jouer.

—Ah, bon. Dans ce cas, je refuse (17.) _____ continuer cette leçon.

Résumé du dialogue

_____

_____

_____

_____

ACTIVITE 6: Complétez les phrases suivantes. Exprimez vos goûts et vos préférences. Faites attention: il faut souvent employer des prépositions après les verbes.

1. A la fin de mes études, je compte _____

    _____

2. Un des sports que j'aime bien c'est le hockey. Je regrette _____

    _____

3. J'ai pris une décision l'autre jour; j'ai décidé _____

    _____

4. C'est drôle, mais je prends toujours plaisir _____

    _____

5. Quand j'étais jeune j'allais souvent chez mes ami(e)s. Je ne sais pas pourquoi

    j'ai cessé _____

    _____

6. La plupart du temps, je ne réussis pas à atteindre mon but, mais récemment

    j'arrive _____

    _____

SECTION 3 / *Vous connaissez-vous déjà?*

FONCTION

ACTIVITE 1: Imaginez que vous rencontrez quelqu'un que vous connaissez peu. Complétez ce dialogue où vous devez dire *bonjour*, vérifier le nom de l'autre personne, poser une ou deux questions, et dire *au revoir*.

—Vous êtes dans mon cours _____, n'est-ce pas?

—Non, _____

—Vous vous appelez _____, n'est-ce pas?

—Oui, et vous _____, non?

—Non, je m'appelle _____

—C'est ça! _____?

— _____

—A la prochaine!

— _____

ACTIVITE 2: Dans cette scène de *La Leçon* par Eugène Ionesco, l'élève fait la connaissance du professeur. Lisez la scène, puis continuez la conversation avec vos propres mots. Quels genres de questions l'élève va-t-elle poser? Et le professeur?

LE PROFESSEUR: Bonjour, Mademoiselle... C'est vous, c'est bien vous, n'est-ce pas, la nouvelle élève?

L'ELEVE: Oui, Monsieur. Bonjour, Monsieur. Vous voyez, je suis venue à l'heure. Je n'ai pas voulu être en retard.

LE PROFESSEUR: C'est bien, Mademoiselle. Merci, mais il ne fallait pas vous presser...

L'ELEVE: ... Il n'y a aucun mal, Monsieur.

LE PROFESSEUR: Mes excuses... Vous avez eu de la peine à trouver la maison?

L'ELEVE: Du tout... Pas du tout. Et puis j'ai demandé. Tout le monde vous connaît ici.

(La Leçon, Eugène Ionesco)

LE PROFESSEUR: _____

L'ELEVE: _____

LE PROFESSEUR: _____

L'ELEVE: _____

LE PROFESSEUR: _____

L'ELEVE: _____

LE PROFESSEUR: _____

L'ELEVE: _____

LE PROFESSEUR: _____

L'ELEVE: _____

STRUCTURE

PREPARATION: L'Article défini, indéfini ou partitif

Nouns in French are either masculine or feminine. All articles must agree in gender and number with the noun they modify.

L'Article défini, indéfini ou partitif

Study the following forms of the definite article *(the)*, the indefinite article *(a, an, some)*, and the partitive article *(some, any)*.

	L'Article défini	L'Article indéfini	L'Article partitif
masculine singular:	le cinéma	un film	du talent
	l'opéra	un opéra	de l'enthousiasme
feminine singular:	la musique	une présentation	de la patience
	l'exposition	une exposition	de l'énergie
masculine or feminine plural:	les divertissements	des divertissements	des traits de caractère
	les expositions	des expositions	des amies

L'Emploi de l'article défini

The definite article is used

1. to specify a particular item.

   J'ai le nouveau disque de Wynton Marsalis.   Vous habitez dans l'immeuble?

2. to express opinions about something.

   J'aime la musique classique.   J'aime mieux les sports individuels.

3. to make generalizations.

   Les sports individuels sont très populaires.   Le cinéma ne m'intéresse pas.

Les Prépositions *de* et *à* + l'article défini

The definite article contracts with the prepositions **de** and **à** as follows:

de + le → du	Que pensez-vous du jazz?	à + le → au	Allons au concert.
de + la → de la	Et de la guitare classique?	à + la → à la	Allons à la leçon.
de + l' → de l'	Que pensez-vous de l'opéra?	à + l' → à l'	Allons à l'opéra.
de + les → des	Et des concerts télévisés?	à + les → aux	Allons aux concerts.

ACTIVITE 3: Complétez les phrases avec la forme correcte de l'article défini. Vérifiez vos réponses dans l'appendice.

MODELE: ___le___ jazz

	_____ **musique**		_____ **cinéma**	
1.	_____ musique classique	9.	_____ film	
2.	_____ rock	10.	_____ films	
3.	_____ concerts	11.	_____ tragédies	
4.	_____ opéra	12.	_____ comédies	
5.	_____ ballet	13.	_____ acteur	
6.	_____ chanteur	14.	_____ actrice	
7.	_____ chanteuse	15.	_____ vedette	
8.	_____ clips	16.	_____ autographe	

_____ **Sports**

—Que penses-tu (17.) _____ foot?

—J'adore (18.) _____ foot. C'est mon sport préféré.

—On va organiser une équipe. Tu veux jouer dans (19.) _____ nouvelle équipe?

—Oh, non! Je n'aime pas jouer (20.) _____ foot... j'aime regarder (21.) _____ foot à la télé et j'aime aller (22.) _____ matchs. Ce n'est pas pareil.

—Pardon... je croyais que tu aimais (23.) _____ sports.

PRATIQUE: L'Interrogation

ACTIVITE 4: Les phrases qui suivent sont des réponses aux questions. Posez les questions en utilisant l'inversion, **est-ce que** ou **n'est-ce pas**.

1. (Est-ce que) _____

   J'aime bien la musique classique.

2. (Inversion) _____

   Henri pense que le concert est très bon.

3. (N'est-ce pas) _____

   Oui, il s'appelle Jean Fantou.

4. (Inversion) _____

   Elle habite à Chicago.

5. (Inversion) _____

Nous préférons rester à la maison.

6. (Inversion) _____

Je pense qu'elle travaille dans le même bureau que mon mari.

ACTIVITE 5: Qu'est-ce que vous faites pendant votre temps libre? Formez des questions avec les éléments donnés, puis répondez-y!

1. où / vous / aller / quand / vous / avoir du temps libre

_____ ?

votre réponse

_____

2. combien / films / est-ce que / vous / voir / par semaine

_____ ?

votre réponse

_____

3. comment / vous / trouver les films d'épouvante

_____ ?

votre réponse

_____

4. pourquoi / est-ce que / vous / (ne) avoir (pas) / du (de) temps libre?

_____ ?

votre réponse

_____

5. quand / vous / sortir / avec vos ami(e)s?

_____ ?

votre réponse

_____

6. où / est-ce que / vous / aimer/ aller ensemble?

_____ ?

votre réponse

_____

NOM: _____

COURS: _____

DATE: _____

Chapitre 1
Faire connaissance

/ *Enchanté(e) de vous connaître!*

FONCTION

ACTIVITE 1: Vous allez entendre huit salutations et présentations. On va les lire deux fois. Pour chacune, choisissez la réplique appropriée.

MODELE: *Vous entendez*: Vous êtes l'ami de Richard Duval, n'est-ce pas?

Vous choisissez:

__b__   a. Enchanté, Monsieur.   b. Non. Je ne le connais pas.

_____ 1. a. Bonjour, Monsieur.   b. Au revoir, Madame.

_____ 2. a. Je m'appelle Philippe   b. Très bien, merci. Et vous?

_____ 3. a. Enchanté de vous connaître!   b. Salut!

_____ 4. a. Au revoir, Madame.   b. Je suis enchanté de faire votre connaissance.

_____ 5. a. Je ne suis pas d'ici.   b. Je suis content de vous connaître.

_____ 6. a. Ah, bon?   b. Vous avez du feu?

_____ 7. a. Je suis heureux de faire votre connaissance.   b. Au revoir!

_____ 8. a. Au revoir.   b. Je suis content de vous voir.

ACTIVITE 2: Ecoutez la scène *Dans la rue*, puis identifiez l'idée principale et vérifiez les détails et les expressions. On va lire la scène une seule fois; il sera peut-être nécessaire de l'écouter plusieurs fois afin de répondre aux questions.

A. De quoi s'agit-il?

1. La scène est _____ une publicité à la radio. _____ les nouvelles.

_____ les paroles d'une chanson. _____ une conversation.

2. Le langage est _____ formel. _____ familier.

3. Le ton de la scène est _____ léger *(light)*. _____ poli et respectueux.

    _____ sérieux. _____ familier.

B. Choisissez le meilleur résumé de la scène.

    _____ 1. Ce n'est pas la première rencontre entre ces deux hommes.

    _____ 2. Jules Macé travaille chez Poulmarch.

    _____ 3. Jacques Leduc présente sa collègue.

    _____ 4. C'est la première fois que Jules Macé et Jacques Leduc se rencontrent.

C. Indiquez si les phrases suivantes sont vraies (V) ou fausses (F).

    _____ 1. Les deux hommes connaissent une femme qui s'appelle Chantal Gounod.

    _____ 2. Les deux hommes travaillent à la société Mirepois.

    _____ 3. Jacques Leduc est chef de section chez Poulmarch.

    _____ 4. Jacques Leduc est directeur des finances pour le groupe Santal.

D. Ecoutez la scène *Dans la rue* encore une fois, puis complétez les phrases avec les expressions que les personnages ont employées. Vous pouvez arrêter la cassette pendant que vous écrivez.

Pour commencer une conversation

1. J'ai _____ de vous _____ .

2. Vous _____ l'ami de Chantal Gounod, par hasard?

3. Vous _____ Rosny-sur-Seine?

4. Vous _____ le train de 7 h 24?

Pour se présenter ou présenter quelqu'un

5. _____ -moi de me _____ .

6. Je _____ Jacques Leduc.

7. Je _____ directeur des finances pour le groupe Santal.

8. Je vous _____ ma _____, Anne-Louise Dumas.

Pour répondre à une présentation

9. _____ de vous connaître.

10. Heureux de _____ votre _____.

Pour dire «au revoir»

11. Heureuse de _____ mais _____… j'ai un

_____ très urgent.

12. _____ , Monsieur.

13. _____ , Jules.

14. _____ , Anne-Louise.

STRUCTURE

PRATIQUE: Le Présent des verbes; La Négation

ACTIVITE 3: Vous allez entendre une liste de verbes. Indiquez si chaque verbe est au singulier (S), ou au pluriel (P) ou si vous ne pouvez pas distinguer (?). On va lire chaque verbe une fois.

MODELE: *Vous entendez:* Il choisit.

Vous écrivez: _S_

Partie A 1. ____ 3. ____ 5. ____ 7. ____ 9. ____ 11. ____ 13. ____ 15. ____

2. ____ 4. ____ 6. ____ 8. ____ 10. ____ 12. ____ 14. ____ 16. ____

Partie B 1. ____ 3. ____ 5. ____ 7. ____ 9. ____ 11. ____ 13. ____ 15. ____

2. ____ 4. ____ 6. ____ 8. ____ 10. ____ 12. ____ 14. ____ 16. ____

ACTIVITE 4: Vous allez entendre un dialogue divisé en sept petits échanges. Complétez les phrases du dialogue avec l'expression négative utilisée dans chaque échange. On va lire le dialogue complet deux fois.

1. Je regrette, mais je _____ ai _____ _____ montre.

2. Je _____ fume _____ .

3. Je _____ sais _____ où est la cathédrale de Notre-Dame.

4. Non, ce _____ sont _____ mon chapeau, _____ mes gants.

5. Je _____ ai _____ vu.

6. Je _____ ai vu _____ .

7. Je _____ sais _____ . Vous commencez à m'agacer *(annoy me)*.

ACTIVITE 5: Vous allez entendre une phrase à l'affirmative et un pronom sujet. Transformez cette phrase deux fois. La première fois, transformez la forme du verbe en utilisant le pronom sujet que vous entendez. La deuxième fois, répondez à la question en utilisant l'expression négative que vous entendez.

> MODELE: *Vous entendez:* Tu habites dans l'immeuble? (Vous)
>
> *Vous dites:* Vous habitez dans l'immeuble?
>
> *Vous entendez:* Vous habitez dans l'immeuble? (ne... pas)
>
> *Vous dites:* Je n'habite pas dans l'immeuble.
>
> *Vous entendez:* Je n'habite pas dans l'immeuble.

SECTION 2 / *Qu'est-ce que vous pensez de ça?*

FONCTION

ACTIVITE 1: Vous allez entendre dix opinions. On va les lire deux fois. Indiquez si chaque opinion est positive (P), neutre (?) ou négative (N).

> MODELE: *Vous entendez*: Les films d'aventure? Ça me plaît beaucoup!
>
> Les films d'aventure? Ça me plaît beaucoup!
>
> *Vous écrivez*: ___P___

1. _____   3. _____   5. _____   7. _____   9. _____

2. _____   4. _____   6. _____   8. _____   10. _____

ACTIVITE 2: Aimez-vous l'opéra? *Carmen* est un opéra français qui est bien connu partout dans le monde. Mérimée a écrit le roman *Carmen* en 1845. En 1875, le célèbre musicien Bizet en a composé la musique. On chante l'opéra en français mais l'histoire a lieu en Espagne. Vous allez entendre un dialogue entre deux amis, Charles et Georges, qui discutent de l'opéra *Carmen*. On va lire la scène une seule fois; il sera peut-être nécessaire de l'écouter plusieurs fois afin de répondre aux questions.

A. Décrivez la conversation.

1. Le langage est _____ formel. _____ familier. _____ formel et familier.

2. Le ton de la scène est _____ léger. _____ poli et réservé. _____ sarcastique. _____ familier.

B. Choisissez le meilleur résumé de la scène. Georges et Charles se disputent

_____ 1. parce qu'ils n'ont pas la même opinion de l'opéra.

_____ 2. parce que Charles trouve que Georges est trop critique et Georges trouve que Charles chante mal.

_____ 3. parce que Georges ne comprend pas la musique.

C. Ecoutez la scène encore une fois, puis complétez les phrases avec les expressions qu'emploient les personnages. Vous pouvez arrêter la cassette pendant que vous écrivez.

Pour dire à quelqu'un d'arrêter de faire quelque chose

1. _____

2. _____

3. _____

Pour exprimer son opinion

4. J' _____ chanter!

5. Je _____ t'écouter.

6. Tu _____ l'opéra?

7. L'opéra _____ beaucoup.

8. J'aime _____ *Carmen*.

Pour présenter quelqu'un

9. Bon, alors, la prochaine fois que je vais _____, je dirai: «J'ai _____ de _____ mon ami Georges qui est un grand critique de musique.»

10. Et moi, quand _____ te présenter _____, je dirai: « _____ mon cher ami Charles qui chante très mal!»

STRUCTURE

PRATIQUE: La Construction **verbe** + **préposition** + **infinitif**

ACTIVITE 3: Vous allez entendre douze phrases. Pour chacune, écrivez la préposition que vous entendez (**à** ou **de**) après les verbes. Si on n'emploie pas de préposition, mettez un X. Vous allez entendre chaque phrase deux fois.

1. s'amuser _____

2. détester _____

3. cesser _____

4. prendre plaisir _____

5. avoir peur _____

6. oublier _____

7. réussir _____

8. regretter _____

9. aimer _____

10. refuser _____

11. apprendre _____

12. décider _____

ACTIVITE 4: Vous allez entendre six phrases. Pour chacune, donnez-en un résumé en une phrase. Employez les mots suggérés. Vous allez entendre chaque phrase deux fois. Vous pouvez arrêter la cassette pendant que vous écrivez.

MODELE: *Vous entendez:* Je ne veux pas apprendre à jouer au tennis.

Je ne veux pas apprendre à jouer au tennis.

Vous écrivez: Il refuse <u>de jouer au tennis</u>.

1. Il adore _____

2. Nous avons réussi _____

3. Il refuse _____

4. Elle prend plaisir _____

5. Elle veut apprendre _____

6. Il déteste _____

PHONETIQUE: Intonation

When you listen to authentic French carefully, you will notice that groups of words with rising intonation predominate. Speakers of French group together words in semantic (meaningful) groups and pronounce the words in these groups with a progressively higher pitch until the last word of the group reaches a relatively high pitch. Then the next semantic group is pronounced starting with a low pitch, rising again to a relatively high pitch, and so on.

Declarative Sentences

Long declarative sentences usually contain several meaningful groups, each with a rising intonation. The last group is pronounced with a falling intonation. For example, in the following sentence from the dialogue, there are three groups. The first two use rising intonation, whereas in the last one the intonation falls.

Monsieur Chalmain, je voudrais vous présenter mon ami Jean Félix.

Interrogative Sentences

With interrogative sentences, one must distinguish between yes/no questions and information questions. Questions whose answer is *yes* or *no* use a rising intonation pattern throughout, while information questions use a rising/falling pattern like the one in declarative sentences.

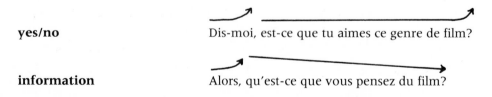

yes/no   Dis-moi, est-ce que tu aimes ce genre de film?

information   Alors, qu'est-ce que vous pensez du film?

ACTIVITE 5: Repétez les phrases. Faites attention à l'intonation.

1. Est-ce que vous avez du feu?

2. Dites-moi, pourquoi me posez-vous ces questions?

3. Je suis guitariste, comme vous voyez.

4. Qu'est-ce que vous pensez du jazz?

5. Henri, je vous présente Marguerite; Marguerite, c'est mon ami Henri Duras.

SECTION 3	*Vous connaissez-vous déjà?*

FONCTION

ACTIVITE 1: Dans la scène suivante, Suzanne et Philippe se rencontrent à une fête chez Catherine, la cousine de Suzanne. Ecoutez la scène, puis vérifiez l'idée principale, les détails et les expressions importantes. On va lire la scène une seule fois; il sera peut-être nécessaire de l'écouter plusieurs fois afin de répondre aux questions.

A. Décrivez la conversation.

1. Le langage est _____ formel. _____ familier.

2. La conversation est _____ légère. _____ polie mais superficielle.

_____ familière. _____ sérieuse.

B. Choisissez le meilleur résumé de la scène.

_____ 1. Suzanne ne connaît pas Philippe, mais Philippe connaît Suzanne.

_____ 2. Suzanne et Philippe se connaissent depuis un an mais ne sont pas de bons amis.

_____ 3. Suzanne et Philippe se connaissent parce que Suzanne est la nouvelle collègue de Philippe.

_____ 4. Suzanne et Philippe se connaissent depuis un an et ils sont devenus de bons amis.

C. Ecoutez la scène encore une fois, si c'est nécessaire, et indiquez si les phrases décrivent Philippe (P), Suzanne (S) ou les deux (2).

_____ 1. habitai(en)t autrefois à Lille.

_____ 2. fait (font) du ski avec le club Ski-Lille.

_____ 3. aime(nt) faire du ski.

_____ 4. travaillai(en)t chez Renault.

_____ 5. habite(nt) à Paris.

_____ 6. s'est (se sont) cassé la jambe.

STRUCTURE

PRATIQUE: L'Interrogation

ACTIVITE 2: Vous allez entendre dix questions qu'on va lire deux fois chacune. La première fois, indiquez si c'est une question d'information ou si c'est une question à laquelle on répond **oui** ou **non**. La deuxième fois que vous entendez la question, indiquez si la question emploie **est-ce que, n'est-ce pas** ou l'inversion.

MODELE: _Vous entendez_: Quand est-ce que vous allez voir la nouvelle pièce d'Ionesco?

Vous cochez: Information

Vous entendez: Quand est-ce que vous allez voir la nouvelle pièce d'Ionesco?

Vous cochez: Est-ce que

Information	Oui / non	Est-ce que	N'est-ce pas	Inversion
1. _____	_____	_____	_____	_____
2. _____	_____	_____	_____	_____
3. _____	_____	_____	_____	_____
4. _____	_____	_____	_____	_____
5. _____	_____	_____	_____	_____
6. _____	_____	_____	_____	_____
7. _____	_____	_____	_____	_____
8. _____	_____	_____	_____	_____
9. _____	_____	_____	_____	_____
10. _____	_____	_____	_____	_____

ACTIVITE 3: Vous allez entendre six questions. Si vous entendez **est-ce que** dans la question, posez la même question avec l'inversion. Si vous entendez l'inversion, posez la même question avec **est-ce que**. Ensuite, vous allez entendre la réponse correcte.

MODELE: *Vous entendez:* Où est-ce que vous habitez?

Vous dites: Où habitez-vous?

Vous entendez: Où habitez-vous?

MODELE: *Vous entendez:* Où habitez-vous?

Vous dites: Où est-ce que vous habitez?

Vous entendez: Où est-ce que vous habitez?

SCENARIO

Vous allez entendre une interview dans les studios de Radio-Classique à Lyon. On va lire la scène une seule fois; il sera peut-être nécessaire de l'écouter plusieurs fois afin de répondre aux questions. Maintenant écoutez l'interview, puis faites la partie A.

A. Indiquez si la phrase décrit le musicien (M), l'animateur (A) ou les deux hommes (2).

_____ 1. Il est professeur de musique à l'Ecole des beaux-arts.

_____ 2. Il travaille à Lyon.

_____ 3. Il a composé plusieurs œuvres de musique avant-garde.

_____ 4. Il est animateur d'une émission de radio.

_____ 5. Il aime bien la musique avant-garde parce que c'est quelque chose de nouveau.

_____ 6. Il dit que la musique avant-garde ne l'intéresse plus.

_____ 7. Ses goûts ont changé.

_____ 8. Il préfère l'ordre et la structure des œuvres de Bach et de Mozart.

B. Vous allez entendre huit phrases tirées de l'interview, deux fois chacune; complétez les phrases avec les mots et les expressions qui manquent.

1. Nous voici de nouveau dans les studios de Radio-Classique à Lyon où _____

   _____

   avec Jean Lacaze, le célèbre celliste de l'orchestre symphonique de Lyon.

2. _____, Monsieur Lacaze.

3. _____ que _____

   _____aujourd'hui.

4. J'ai _____.

   C'était quelque chose _____.

5. _____ ce genre

   de concert?

6. Vous savez certainement que _____

   _____.

7. Et en ce qui concerne la musique avant-garde, _____

   _____.

8. Evidemment. Il est vrai que j'ai composé deux morceaux avant-garde. Mais

   j'étais très jeune à l'époque. Mais aujourd'hui _____

   _____.

C. Prenez le rôle de l'animateur d'un programme à la radio. Ecrivez trois questions que vous aimeriez poser à la vedette (star) de votre choix. Ensuite, répondez aux questions d'après ce que vous savez de la vedette.

1. _____?

   _____

2. _____?

   _____

3. _____?

   _____

Chapitre 2

Raconter une histoire

/ *Vous n'allez pas croire cette histoire!*

FONCTION

ACTIVITE 1: On utilise les expressions suivantes pour commencer ou pour donner de l'intérêt à une conversation, pour indiquer son intérêt et pour rapporter une suite d'événements. Catégorisez-les selon les titres donnés dans les parties A, B et C.

Plus tard…	Et alors?	Vous n'allez pas croire cet article!
Finalement…	Allez-y!	Vous allez beaucoup aimer ces nouvelles.
Après ça…	Patience!	Pour finir…
Et puis…	Ensuite…	Vous allez voir que c'est merveilleux.
Tout d'abord…	Oui, je vois.	Je viens de lire quelque chose d'intéressant!
Attendez un peu!	Enfin…	Racontez!
D'abord…		

A. Pour commencer une conversation ou pour donner de l'intérêt à une conversation

    1. _____

    2. _____

    3. _____

    4. _____

    5. _____

    6. _____

B. Pour indiquer son intérêt

    1. _____   3. _____

    2. _____   4. _____

C. Pour rapporter une suite d'événements

Pour commencer le récit	Pour continuer le récit	Pour terminer le récit
1. _____	3. _____	7. _____
2. _____	4. _____	8. _____
_____	5. _____	9. _____
_____	6. _____	

ACTIVITE 2: 1992! La Communauté économique européenne est née! Imaginez que vous avez déjà lu un article sur la communauté et que vous expliquez l'histoire de la communauté à un(e) ami(e). Utilisez les expressions de l'activité 1 pour compléter le dialogue. Ensuite relisez la conversation et indiquez si les phrases sont vraies ou fausses.

1. *(Commencez la conversation)*

   _____

   Ça t'intéresse?

2. *(Indiquez votre intérêt)*

   _____

3. *(Rapportez une suite de nouvelles)* _____, six pays

   européens se sont réunis pour former un marché commun.

4. *(Indiquez votre intérêt)*

   _____

5. *(Rapportez une suite de nouvelles)* _____, en 1984 les

   pays de la Communauté européenne ont envoyé chacun leurs députés au

   Parlement européen.

6. *(Indiquer votre intérêt)*

   _____

7. *(Rapportez une suite de nouvelles)* _____, sept pays

   s'étaient joints aux six premiers pays. _____, la

   communauté parle un grand nombre de langues différentes mais elle a déjà

   une monnaie, l'écu *(European currency unit)* et un même passeport. Maintenant

   la France fait partie d'une nation plus grande: l'Europe!

8. *(Donnez votre opinion)*

   _____

Vrai ou faux?

_____ 1. La Communauté économique européenne est composée de six pays.

_____ 2. En 1984, les pays se sont réunis pour former un marché commun.

_____ 3. Il y a maintenant 13 pays qui appartiennent à la communauté.

_____ 4. Les membres de la communauté ont tous gardé leurs passeports différents.

_____ 5. Le mot écu veut dire établissement commercial uni.

STRUCTURE

PREPARATION: Les Expressions qui indiquent le passé; Le Passé composé

Les Expressions qui indiquent le passé

The expressions **il y a... que, voici... que, voilà... que, ça fait... que,** and **depuis** are used with an expression of time and a verb in the present tense to describe an event that began in the past and continues in the present.

> Il y a trois ans que je connais Jean-Luc.

> Ça fait cinq ans que nous travaillons ensemble.

Le Passé composé

The passé composé is made up of two parts: the auxiliary verb (**avoir** or **être**) and the past participle.

1. Auxiliary verbs **avoir** or **être:** Verbs are conjugated in the **passé composé** with the auxiliary verb **avoir** or **être.** Review these forms:

    avoir j'ai, tu as, il/elle/on a, nous avons, vous avez, ils/elles ont
    être   je suis, tu es, il/elle/on est, nous sommes, vous êtes, ils/elles sont

    • Most verbs are conjugated with the auxiliary **avoir.**

    • All pronominal verbs are conjugated with **être** in the **passé composé.**

    • The following verbs expressing motion or condition are conjugated with **être** in the **passé composé:**

aller	monter	passer	revenir
arriver	mourir	rentrer	sortir
descendre	naître	rester	tomber
devenir	partir	retourner	venir
entrer			

    • When a verb is conjugated with **être** in the **passé composé,** the past participle agrees with the subject in number and gender.

    Elles sont sort**es** ce soir.

2. **Formation of past participles:** The past participles of regular verbs are formed by dropping the infinitive ending and adding the past participle ending.

–er verbs:	travailler	travaill-	+	**–é**	→	travaillé
–ir verbs:	choisir	chois-	+	**–i**	→	choisi
–re verbs:	vendre	vend-	+	**–u**	→	vendu

Certain verbs have irregular past participles.

avoir	eu	falloir	fallu	réduire	réduit
boire	bu	lire	lu	rire	ri
connaître	connu	mettre	mis	savoir	su
courir	couru	mourir	mort	souffrir	souffert
croire	cru	naître	né	suivre	suivi
construire	construit	offrir	offert	tenir	tenu
devoir	dû	ouvrir	ouvert	venir	venu
dire	dit	paraître	paru	vivre	vécu
écrire	écrit	pouvoir	pu	voir	vu
être	été	prendre	pris	vouloir	voulu
faire	fait	recevoir	reçu		

ACTIVITE 3: Conjuguez les verbes suivants au passé composé et vérifiez vos réponses dans l'appendice.

> MODELE: tu / aimer _____tu as aimé_____

Verbes réguliers

1. tu / voyager _____
2. il / finir _____
3. vous / attendre _____
4. elles / aller _____
5. nous / partir _____
6. elle / descendre _____

Verbes irréguliers

7. je / avoir _____
8. vous / faire _____
9. elles / être _____
10. tu / venir _____
11. nous / pouvoir _____
12. il / naître _____
13. vous / connaître _____
14. vous / prendre _____
15. ils / dire _____

PRATIQUE: L'Emploi du passé composé

ACTIVITE 4: Vous êtes reporter et vous faites un reportage sur le Tour de France. Récrivez les verbes entre parenthèses au passé composé pour rapporter ce qui s'est passé hier. Ensuite donnez votre opinion de la course en une ou deux phrases.

Allô, le Tour! Aujourd'hui, les coureurs du Tour (1. affronter)

_____ une des épreuves les plus dures de la course. Ils

(2. quitter) _____ Revel à neuf heures du matin, d'où ils

(3. traverser) _____ en groupe 175 kms d'un parcours relativement

plat. Ensuite, ils (4. grimper) _____ pendant 50 kms, sur un

parcours qui comprend trois des plus grands sommets des Pyrénées. Ils (5. arriver)

_____ à Aspin, une pente de première catégorie, à une hauteur de

1 800 m. Ils (6. monter) _____ encore plus haut—le col de

Tourmalet (2 300 m)—sur le premier des deux parcours jugés hors de catégorie. Ils

(7. descendre) _____ un peu, puis ils (8. parcourir)

_____ les 12 kms du col de Luz-Ardiden (1 900 m).

A mon avis, _____

_____

_____.

ACTIVITE 5: Jean-Pierre Carenso, organisateur du Tour de France, a parlé des changements qu'il a effectués pour rétablir la rigueur et l'aspect traditionnel du Tour. Completez ce rapport destiné à votre journal. Employez le passé composé.

Le Renouvellement du Tour de France

Jean-Pierre Carenso (1. rétablir) _____ la rigueur sportive du Tour.

D'abord, il (2. réussir) _____ à projeter un nouveau tracé pour le

Tour. Aussi, il (3. choisir) _____ une route pleine d'épreuves en

altitude dans les Alpes et dans les Pyrénées. En plus, il (4. construire)

_____ aussi une suite d'épreuves où la technique et la stratégie

dominent.

Il (5. redéfinir) _____ l'intégrité du Tour. Il (6. surveiller)

_____ l'équipement des coureurs. Il (7. limiter)

_____ le nombre d'innovations technologiques.

Il (8. renforcer) _____ l'aspect traditionnel du Tour. Il (9. réduire)

_____ le nombre de maillots aux trois les plus connus. Il

(10. garder) _____ le maillot jaune qu'on (11. toujours offrir)

_____ au premier au classement général à la fin de chaque journée.

Il (12. conserver) _____ le maillot vert qu'on (13. présenter)

_____ au leader du classement des points. Il (14. reprendre)

_____ le maillot blanc à pois rouges (le prix de la montagne pour le meilleur grimpeur). Il (15. vouloir) _____ garder l'ambiance de fête le long du parcours.

En somme, Jean-Pierre Carenso (16. améliorer) _____ la course et (17. rendre) _____ la dignité au Tour de France. Les efforts de Jean-Pierre Carenso (18. avoir) _____ un grand effet sur le Tour de France.

ACTIVITE 6: Récrivez chaque phrase deux fois; la première fois utilisez l'expression **avant de**…; la deuxième fois, employez l'infinitif passé pour rapporter les événements.

> MODELE: sortir hier soir, je / téléphoner aux ami(e)s pour fixer notre rendez-vous.
>
> a. <u>Avant de sortir</u> hier soir, j'ai téléphoné aux ami(e)s pour fixer notre rendez-vous.
>
> b. <u>Après avoir téléphoné</u> aux ami(e)s pour fixer notre rendez-vous, je suis sorti(e).

1. aller au concert de François Feldman / je / passer par le café pour retrouver les ami(e)s.

    a. _____

    _____

    b. _____

    _____

2. choisir des places dans la salle de concert, nous / acheter les billets.

    a. _____

    _____

    b. _____

    _____

3. attendre le début du concert, nous / acheter quelque chose à manger.

    a. _____

    _____

    b. _____

    _____

4. demander son autographe, nous / écouter la musique.

    a. _____

    _____

    b. _____

    _____

SECTION 2 / *Je me souviens...*

FONCTION

ACTIVITE 1: Dans les petites scènes ci-dessous, on parle du prix d'un séjour familial de ski dans les Alpes. Lisez-les, puis choisissez la (les) meilleure(s) réponse(s) à chaque phrase.

_____ 1. Le ski est un des sports les plus populaires en France.

    a. Raconte!   b. Je viens de lire quelque chose d'intéressant.

_____ 2. Le prix d'un séjour d'une semaine de ski alpin dans les Alpes varie beaucoup.

    a. C'est une bonne idée!   b. Vraiment?

_____ 3. Il y a des petites stations de ski, comme à Saint-Pierre-de-Chartreuse par exemple.

    a. Où ça?   b. Qu'est-ce qui s'est passé ensuite?

_____ 4. Dans une petite station de ski, des vacances de ski pour une famille de quatre coûtent environ 9 260 F (1 780$).

    a. Continue!   b. Je ne te crois pas! Tu en es sûr(e)?

_____ 5. Pour une prestigieuse station comme Méribel, elles coûtent environ 27 700 F (5 235$).

    a. Combien, vous dites?   b. C'est quand, ça?

_____ 6. Les différences de prix pour la location *(rental)* du matériel et les cours de ski vont souvent du simple au double.

    a. Pourquoi... ?   b. C'est sans doute à cause du temps qu'il fait.

ACTIVITE 2: Complétez la conversation suivante en demandant davantage de renseignements. N'utilisez pas les expressions de l'activité 1 ci-dessus, mais d'autres expressions.

1. La France est privilégiée en ce qui concerne les sports d'hiver.

_____

2. On peut faire du ski dans les Pyrénées et dans les Alpes, en hiver et en haute montagne même en été.

_____

3. On a formé la Fédération française de ski en 1924.

_____

4. On compte plus de 2 400 clubs de ski en France.

_____

5. 16,5 pourcent de la population française a fait du ski en 1988.

_____

STRUCTURE

PREPARATION: La Formation de l'imparfait

The imperfect tense is formed from the **nous** form of the present tense of the verb; the **-ons** ending is removed and the imperfect endings are added. Many verbs that are irregular in the present tense follow regular conjugation patterns in the imperfect. Only the verb **être** has an irregular stem in the imperfect tense.

		travailler	choisir	vendre	avoir	faire	être
		travaill*ons*	choisiss*ons*	vend*ons*	av*ons*	fais*ons*	*sommes*
		travaill-	choisiss-	vend-	av-	fais-	ét-
je	-ais	travaillais	choisissais	vendais	avais	faisais	étais
tu	-ais	travaillais	choisissais	vendais	avais	faisais	étais
il/elle/on	-ait	travaillait	choisissait	vendait	avait	faisait	était
nous	-ions	travaillions	choisissions	vendions	avions	faisions	étions
vous	-iez	travailliez	choisissiez	vendiez	aviez	faisiez	étiez
ils/elles	-aient	travaillaient	choisissaient	vendaient	avaient	faisaient	étaient

Note that verbs ending in **-ger** add **e** and verbs ending in **-cer** change the **c** to **ç** before the endings **ais, -ais, -ait,** and **-aient** (je man**geais**; je commen**çais**).

ACTIVITE 3: Conjuguez les verbes suivants à l'imparfait et vérifiez vos réponses dans l'appendice.

> MODELE: aimer / tu _____ aimais _____

Verbes réguliers

1. finir / je_____
2. vendre / tu_____
3. danser / il_____
4. placer / je_____

5. travailler / nous _____
6. choisir / vous _____
7. attendre / ils_____
8. nager / elles _____

Verbes irréguliers au présent

9. aller / je _____
10. avoir / nous _____
11. boire / ils_____
12. devoir / elle_____
13. dire / vous_____
14. écrire / tu_____

15. faire / elles _____
16. lire / vous _____
17. **pouvoir / tu** _____
18. **prendre / nous** _____
19. **vouloir / elle** _____

PRATIQUE: L'Emploi de l'imparfait; L'Imparfait et le passé composé

ACTIVITE 4: Comment était votre jeunesse? Complétez chaque phrase à l'affirmatif ou au négatif d'après votre expérience quand vous étiez jeune.

1. Quand j'étais jeune, je...

   a. s'amuser à l'école avec des ami(e)s _____

   _____

   b. attendre les grandes vacances avec impatience _____

   _____

   c. passer souvent les vacances chez nous _____

   _____

2. Mes ami(e)s et moi, nous

   a. regarder les dessins animés le samedi matin _____

   _____

   b. jouer souvent à la balle ou à cache-cache *(hide and seek)* _____

   _____

   c. faire du scoutisme _____

   _____

ACTIVITE 5: Cet article, tiré du *Journal français d'Amérique,* décrit la vie quotidienne et les repas préférés du célèbre artiste impressionniste Claude Monet. Complétez le passage, puis dites ce que vous trouvez le plus intéressant concernant la vie de l'artiste.

Giverny... la maison de Claude Monet. Monet (1. se lever) _____

_____ très tôt le matin et (2. commencer) _____

_____ à travailler entre 5 et 6 heures, souvent à

l'extérieur. Le déjeuner, servi à 11 heures 30, (3. constituer) _____

_____ donc un important moment de détente

(relaxation). C'(4. être) _____ aussi le repas où l'on

(5. recevoir) _____ les amis et la famille, car Monet

(6. se coucher) _____ extrêmement tôt pour être

disponible aux premières heures du jour. Ces réunions quotidiennes le

(7. mettre) _____ généralement de bonne humeur, sauf

lorsqu'il (8. revenir) _____ insatisfait de son travail.

Monet (9. être) _____ connu pour son solide appétit

mais aussi son exigence extrême quant à la préparation des plats. Il _____

(10. pouvoir) _____ aisément piquer une colère blanche

sur une sauce mal exécutée. Le potager *(vegetable garden)* (11. faire)

_____ partie des choses qu'il (12. chérir) _____

_____. Monet (13. acheter) _____

_____ des graines *(seeds)* et plantes partout où il

(14. aller) _____. Les cultures (15. être) _____

_____ admirablement bien orchestrées et l'on

(16. deviner) _____ derrière ces allées symétriques le

dur labeur d'un homme méticuleux…

Quels aspects de la vie quotidienne à Giverny trouvez-vous les plus intéressants?

_____

_____

_____

ACTIVITE 6: Utilisez le passé composé et l'imparfait pour développer les histoires suivantes, selon le modèle. Faites très attention aux verbes et aux expressions soulignés. Ecrivez vos histoires sur une autre feuille de papier.

> MODELE: Minuit, un grand orage dehors. Personne dans la maison. Je viens de finir mon travail. Je me prépare pour la nuit. J'entends des bruits. Un fantôme se dresse près de moi. Je cours. Je crie…
>
> *C'était minuit et il y avait un grand orage dehors. Il y avait du tonnerre et des éclairs. J'étais seul(e) dans la vieille maison. Je venais de finir mon travail. J'étais en train de me préparer pour le lit quand j'ai entendu du bruit et tout de suite après, j'ai remarqué de la lumière dans le couloir. C'était un fantôme qui s'est dressé devant moi… J'ai couru! J'ai crié! J'avais très peur!*

1. Le servant s'appelle Charles. Il est dans la chambre d'invités. Il vient de… Il nettoie la chambre. Il ne s'aperçoit de rien. Le cadavre est sous le lit. Près du lit, il trouve le couteau. Il le prend et le regarde. Un homme entre dans la pièce et accuse Charles du meurtre. Il essaie de fuir. L'homme le tient par le bras…

2. Madame Chevel est le modèle de la femme bourgeoise. Elle s'habille bien; elle a beaucoup d'amies et elle participe à des soirées en société. Elle habite avec son mari et ses trois enfants. Elle vient de rentrer à la maison. Elle lit un roman. Sans aucune explication, le téléphone commence à sonner très fréquemment chez elle. Si on y répond, il n'y a personne. Mais quand Madame Chevel répond, elle parle longtemps à quelqu'un, mais dit que c'est un faux numéro…

| SECTION 3 | *Voilà ce qui s'est passé* |

FONCTION

ACTIVITE 1: Mettez ensemble le commencement de chaque phrase à gauche avec une terminaison qui convient de la liste à droite.

A. Pour chaque phrase à gauche, il y a une terminaison de la liste à droite.

1. J'ai quelque chose d'incroyable   ____   a. si elle est si merveilleuse que ça!

2. Attendez   ____   b. est arrivé?

3. Allez-y,   ____   c. un peu.

4. Racontez l'histoire   ____   d. de vos nouvelles?

5. Vous êtes sûr(e)   ____   e. à vous raconter!

6. Mais ça ne peut pas être   ____   f. possible.

7. Qu'est-ce qui   ____   g. racontez.

B. Pour chaque phrase à gauche, le nombre de terminaisons possibles de la liste à droite est entre parenthèses.

1. Vous allez voir que (qu') (2)…   ____   a. ce que je viens de lire dans le journal.

2. Vous n'allez pas croire (6)…   ____   b. quelque chose d'incroyable à vous raconter.

3. J'ai (3)…   ____   c. cette histoire.

   ____   d. elle est merveilleuse, cette histoire.

   ____   e. lu quelque chose d'intéressant dans le journal.

   ____   f. ce que je viens d'entendre à la radio.

   ____   g. entendu quelque chose d'intéressant à la radio.

   ____   h. ce qui m'est arrivé.

   ____   i. elle est extraordinaire, mon histoire.

   ____   j. ces nouvelles.

   ____   k. ce qui s'est passé.

STRUCTURE

PREPARATION: Identifier le sujet, l'objet direct et l'objet d'une préposition

It is important to be able to determine the subject, the direct object, and the object of a preposition. This knowledge is necessary for the accurate use of pronouns. For instance, to find out which interrogative pronoun to use **(qui, que, quoi)**, one must know whether the word is used as a subject, as a direct object, or as the object of a preposition.

To determine the subject: First identify the verb in the sentence. Then ask the question **Qui est-ce qui... ?** for a person or **Qu'est-ce qui... ?** for a thing. Look, for example, at this sentence:

> L'inspecteur Maigret dirige l'enquête.

The verb here is **dirige.** The question **Qui est-ce qui dirige?** can only be answered by **L'inspecteur Maigret,** which is the subject of the sentence.

To determine the direct object: Say the sentence up to the verb, then ask the question **qui** for people, or **quoi** for things. For the sentence above, ask the question **L'inspecteur Maigret dirige quoi?** The answer, **l'enquête,** is the direct object.

To determine the object of the preposition: Say the sentence up to the preposition, then ask the question **préposition + qui?** for people or **préposition + quoi?** for things. The answer is the object of the preposition. Look at this sentence:

> L'inspecteur Maigret dirige l'enquête avec son lieutenant.

Ask the question **L'inspecteur Maigret dirige l'enquête avec qui?** The answer, **son lieutenant,** is the object of the preposition **avec.**

ACTIVITE 2: Identifiez les sujets (S), les objets directs (OD) et les objets de prépositions (OP) dans les phrases suivantes. Vérifiez vos réponses dans l'appendice.

	S	OD	OP

MODELE: Le lieutenant met le rapport dans le dossier.

1. Madame Chevel a des amies.

2. Elle participe à des soirées.

3. Elle habite avec son mari et ses trois enfants.

4. Elle lit un roman.

5. Elle parle longtemps avec quelqu'un.

6. Les coureurs du Tour affrontent des épreuves dures.

7. Ils quittent Revel très tôt.

8. Ils traversent un parcours plat.

PRATIQUE: Les Pronoms interrogatifs

ACTIVITE 3: Dans cette section du chapitre, vous avez lu des extraits de *Carte vermeil*, un roman policier par Pierre Boileau et Thomas Narcejac. Lisez ce petit article sur un autre auteur très connu, puis écrivez des questions pour obtenir davantage de renseignements.

Georges Simenon est belge de langue française. Il est né à Lièges en 1903 et est l'auteur de nouvelles, de pièces de théâtre et de nombreux romans policiers. En fait, Simenon à écrit 212 romans sous son nom, dont plus de 80 sont reliés par la figure du commissaire Maigret. Il en a écrit aussi environ 300 sous 17 pseudonymes. Georges Simenon est un des auteurs les plus prolifiques du monde, après l'Espagnol Lope de Vega et l'Anglais Charles Hamilton.

1. *(about whom)* _____

   Le passage traite de Georges Simenon.

2. *(about what)* _____

   Il s'agit de ses œuvres littéraires.

3. *(why)* _____

   Il écrit en français parce qu'il est belge de langue française.

4. *(what)* _____

   Il a écrit des nouvelles, des pièces de théâtre et des romans policiers.

5. *(how many)* _____

   Il a écrit 80 romans policiers.

6. *(who)* _____

   Le commissaire Maigret est le héros des romans policiers.

7. *(whom)* _____

   Les Belges connaissent Georges Simenon mieux que Lope de Vega ou Hamilton mais ils sont tous les trois des auteurs très prolifiques.

ACTIVITE 4: Complétez cette activité sur les extraits de *Carte vermeil* dans votre texte.

A. Complétez les questions suivantes pour donner un résumé de l'histoire de votre texte.

   1. _____ est Lucile? *(who)*

   2. Au début, _____ est-elle amoureuse? *(with whom; of whom)*

   3. _____ se passe aux Hibiscus? *(what)*

   4. _____ Lucile fait de suspect? *(what)*

   5. _____ Michel soupçonne d'avoir lu ses papiers? *(whom)*

   6. _____ est-ce que Lucile essaie de tuer Michel? *(with what)*

B. Mettez ensemble le numéro de la question de la partie A ci-dessus avec la réponse correcte.

_____ a. Il y a quelques morts parmi les vieux gens qui habitent Les Hibiscus.

_____ b. Lucile, bien sûr.

_____ c. De Michel, bien sûr.

_____ d. Avec du poison, dans un pot de tisane.

_____ e. C'est une femme d'un certain âge qui habite une maison de retraite qui s'appelle Les Hibiscus.

_____ f. Elle dérange les papiers de Michel, dans son bureau, qu'il a oublié de fermer à clé.

C. Lisez cette dernière partie de l'histoire, puis répondez aux questions.

Tout se retournait contre moi. Le poison, dont on avait retrouvé une quantité importante dans le pot de tisane, était celui dont j'avais parlé dans ce que le médecin appelait «ma confession». Le testament, dont j'avais rédigé, à l'époque, le projet, achevait de m'accabler *(overwhelm me)*. Il ne faisait plus de doute, pour personne, que j'avais voulu me tuer. Et j'étais trop faible, trop malade, pour prétendre le contraire. Je me suis tué, provisoirement. Le temps de saisir, dans tous ses détails, la machination de Lucile. Car il ne m'est plus permis d'hésiter. C'est bien elle qui a empoisonné ma tisane. Et puisqu'elle a essayé de me tuer, c'est donc bien elle qui a supprimé Jonquière, Vilbert et Rouvre.

1. Lucile a bien préparé son crime et elle a fait deux choses pour donner l'apparence d'un suicide. Quelles choses a-t-elle faites?

_____

_____

2. D'après ces indices, qu'est-ce que le médecin a conclu?

_____

3. Pourquoi Michel n'a-t-il rien répondu au médecin?

_____

4. Qu'est-ce que vous en pensez? Est-ce que Lucile a commis un crime parfait?

_____

_____

NOM: _____

COURS: _____

DATE: _____

Chapitre 2
Raconter une histoire

/ *Vous n'allez pas croire cette histoire!*

FONCTION

ACTIVITE 1: Vous allez entendre sept petits échanges qu'on va lire deux fois. Indiquez si la deuxième personne répond logiquement (L) ou non logiquement (N) à ce que dit la première personne. Après avoir entendu les échanges, rapportez l'idée principale de la conversation en une ou deux phrases.

> MODELE: *Vous entendez:* —J'ai entendu une histoire incroyable à la radio ce matin.
>
> —Vraiment? Raconte!
>
> *Vous écrivez:* ___L___

1. _____ 2. _____ 3. _____ 4. _____ 5. _____ 6. _____ 7. _____

L'idée principale de la conversation:

_____

_____

_____

ACTIVITE 2: Ecoutez le passage *Score sans appel (without appeal)*, puis identifiez l'idée principale du passage et vérifiez les détails et les expressions. On va lire le passage une seule fois; il sera peut-être nécessaire de l'écouter plusieurs fois afin de répondre aux questions.

A. De quoi s'agit-il?

1. C'est (ce sont) _____ une publicité à la radio. _____ les nouvelles à la radio. _____ les paroles d'une chanson. _____ une conversation.

2. Le langage est _____ formel. _____ familier.

3. Le ton de la scène est _____ léger. _____ poli et respectueux. _____ sérieux. _____ familier.

B. Choisissez le(s) meilleur(s) résumé(s) du passage. Justifiez votre choix.

_____ 1. Il s'agit d'un reportage où on explique ce que c'est que le rugby. Le reportage décrit un match en particulier.

_____ 2. Il s'agit d'un match de rugby où un joueur est gravement blessé. Il a des blessures aux mains et aux pieds.

_____ 3. Il s'agit d'un reportage où on explique ce que c'est que le rugby. Le reportage décrit un match qui va avoir lieu la semaine prochaine entre deux équipes françaises.

_____ 4. Il s'agit d'un match de rugby entre les deux équipes les plus fortes en France.

C. Indiquez si les phrases suivantes sont vraies (V) ou fausses (F).

_____ 1. Une équipe de rugby a 13 ou 15 joueurs.

_____ 2. Le rugby se joue avec des raquettes, les mains, les pieds et un ballon rond.

_____ 3. Pendant le match de rugby, on cherche à marquer des essais.

_____ 4. Dans ce reportage, l'équipe de Saint-Jean-en-Royan a gagné.

_____ 5. Le score était de 110 à 0.

D. Ecoutez la scène encore une fois, puis choisissez les expressions employées pour intéresser les auditeurs.

_____ 1. Vous savez ce que je viens de lire dans le journal?

_____ 2. J'ai quelque chose d'incroyable à vous raconter!

_____ 3. Si vous saviez ce que j'ai à vous rapporter!

_____ 4. Vous n'allez pas croire cette histoire...

_____ 5. Voilà ce qui s'est passé...

_____ 6. Pas grand-chose, vous dites?

_____ 7. Ecoutez ça! J'ai quelque chose d'intéressant à vous raconter!

_____ 8. Vous allez voir qu'elle est merveilleuse, cette histoire.

_____ 9. Et qu'est-ce que vous dites maintenant de l'histoire?

STRUCTURE

PRATIQUE: Le Présent et le passé composé

ACTIVITE 3: Vous allez entendre vingt phrases. Indiquez si chaque phrase est au présent (P) ou au passé composé (PC). On va lire chaque phrase une fois.

MODELE: *Vous entendez:* Il a choisi une voiture.
Vous écrivez: ___PC___

MODELE: *Vous entendez:* Il choisit une voiture.
Vous écrivez: ___P___

1. _____	5. _____	9. _____	13. _____	17. _____
2. _____	6. _____	10. _____	14. _____	18. _____
3. _____	7. _____	11. _____	15. _____	19. _____
4. _____	8. _____	12. _____	16. _____	20. _____

ACTIVITE 4: Vous allez entendre un reportage qui décrit un voyage à Paris. Les verbes du reportage sont au présent. Transformez chaque phrase au passé composé. Après chaque phrase, vous allez entendre la réponse correcte.

MODELE: *Vous entendez:* J'économise pour payer mon voyage en France.

Vous dites: J'ai économisé pour payer mon voyage en France.

Vous entendez: J'ai économisé pour payer mon voyage en France.

SECTION 2 / *Je me souviens...*

FONCTION

ACTIVITE 1: Vous allez entendre plusieurs expressions. On va les lire une fois. Indiquez si on utilise les expressions pour donner de l'intérêt à une conversation (C), pour soutenir l'intérêt de quelqu'un (S), pour indiquer son intérêt (I) ou pour demander davantage de renseignements (D).

MODELE: *Vous entendez:* Vous n'allez pas croire cette histoire!

Vous écrivez: ___C___

1. _____	5. _____	9. _____	13. _____	17. _____
2. _____	6. _____	10. _____	14. _____	18. _____
3. _____	7. _____	11. _____	15. _____	19. _____
4. _____	8. _____	12. _____	16. _____	20. _____

ACTIVITE 2: Vous allez entendre un dialogue entre un petit garçon, Luc, et son voisin, Monsieur Perrec. On va lire le dialogue une seule fois; il sera peut-être nécessaire de l'écouter plusieurs fois afin de répondre aux questions. Maintenant écoutez le dialogue.

A. Décrivez la conversation.

1. Le langage est _____ formel. _____ familier. _____ formel et familier.

2. Le ton de la scène est _____ léger. _____ poli et réservé. _____ sarcastique. _____ familier.

B. Choisissez le meilleur résumé de la scène. Justifiez votre choix.

1. Monsieur Perrec raconte l'histoire d'un chat qu'il avait quand il était petit.

2. Il s'agit d'un chat qui est revenu après une longue absence.

3. Monsieur Perrec raconte une histoire intéressante qu'il a lue dans le journal.

C. Ecoutez la scène encore une fois, puis répondez aux questions.

1. Où se trouvait le chat au commencement de l'histoire?

   _____

2. Qu'est-ce qu'il a vu? _____

3. Qu'est-ce qu'il a fait? _____

4. Les Perrec, qu'est-ce qu'ils ont fait?

   _____

5. Comment se sentaient les Perrec quand le chat a disparu?

   _____

6. Comment se sentaient-ils quand le chat est revenu?

   _____

7. Avez-vous (Aviez-vous) un animal domestique?

   _____ non   (si non, continuez avec la section D ci-dessous)

   _____ oui   (si oui, continuez avec les questions 7 a, b, c)

   a. Comment s'appelle-t-il (s'appelait-il)? Vous l'avez (vous l'aviez) depuis longtemps?

      _____

      _____

   b. Comment est-il (était-il)? (Décrivez la taille, la couleur, etc.)

      _____

      _____

    c. Pouvez-vous expliquer son nom?

_____

_____

D. Ecoutez la scène encore une fois en faisant très attention aux questions que vous entendez. Complétez chaque question ci-dessous avec les mots ou les expressions interrogatives que Luc emploie.

1. _____, votre chat?

2. _____ Miracle? C'est un nom bien étrange.

3. Vraiment? _____?

4. _____, ça?

5. Vous _____ à _____ étage?

6. Et alors, _____ revenu?

STRUCTURE

PRATIQUE: Le Passé composé et l'imparfait

ACTIVITE 3: Vous allez entendre l'histoire d'un chien qui rencontre un putois *(skunk)*. L'histoire est composée de quinze phrases. Indiquez si chaque phrase est au présent (P), au passé composé (PC) ou à l'imparfait (IMP). Vous allez entendre l'histoire deux fois.

    MODELE: *Vous entendez:* J'avais un chien.

              Vous écrivez: ___IMP___

1. _____	4. _____	7. _____	10. _____	13. _____
2. _____	5. _____	8. _____	11. _____	14. _____
3. _____	6. _____	9. _____	12. _____	15. _____

ACTIVITE 4: Vous allez entendre une phrase au présent. Transformez-la deux fois. La première fois, mettez la phrase à l'imparfait. Vous allez entendre la réponse correcte. La deuxième fois, mettez la phrase au passé composé. Vous allez entendre la réponse correcte.

    MODELE: *Vous entendez*: Je travaille. (souvent)

            Vous dites: Je travaillais souvent.

            Vous entendez: Je travaillais souvent. (hier soir)

            Vous dites: J'ai travaillé hier soir.

            Vous entendez: J'ai travaillé hier soir.

PHONETIQUE: Syllable stress

In English each word has its own specific pattern of stressed syllables. For example, the word *photograph* is stressed on the first syllable. It would be wrong to pronounce that word with any other stress. The word *photographer*, on the other hand, is accented on the second syllable. It would also be wrong to pronounce that word with any other stress.

In French this particular type of stress on word syllables does not exist. Words are not pronounced with patterns of accented syllables. Every word syllable is pronounced with the same emphasis. The only different syllable is the one that comes at the end of a rhythmic group. It tends to be slightly longer (not higher) than the others. While French intonation patterns rise and fall, each syllable is pronounced with the same stress.

ACTIVITE 5: Répétez les phrases suivantes. Faites attention à l'accentuation.

1. Je viens de lire une histoire incroyable.

2. Il est arrivé chez sa première cliente.

3. C'était beaucoup plus simple que ça.

4. Il y avait une fuite de gaz dans la maison.

5. Je dois faire ma première vente.

| SECTION 3 | *Voilà ce qui s'est passé* |

FONCTION

ACTIVITE 1: Dans cette section du chapitre, vous avez lu des extraits de plusieurs romans policiers. En voici un autre. Mais cette fois, ce n'est pas quelque chose inventé par un auteur; c'est la description d'un véritable mystère qui se passe au moment actuel en France. Vous allez entendre un passage qui s'appelle *A qui les pièces d'or?* Le passage est adapté du *Journal français d'Amérique*. Ecoutez le passage, puis vérifiez l'idée principale, les détails et les expressions importants. On va lire le texte une seule fois; il sera peut-être nécessaire de l'écouter plusieurs fois afin de répondre aux questions.

A. Décrivez le passage.

1. Le texte est tiré _____ de l'éditorial. _____ des lettres à l'éditeur.

   _____ de la section *Nouvelles internationales*. _____ de la section *Nouvelles en bref*. _____ de la section *Jeux et loisirs*.

2. Le langage est _____ formel. _____ familier.

3. Le ton du passage est _____ léger. _____ poli mais amusé. _____ familier. _____ sérieux.

B. Choisissez le meilleur résumé de la scène. Justifiez votre choix.

_____ 1. Quelqu'un a volé des pièces d'or et des médicaments de la mairie.

_____ 2. Quelqu'un a trouvé des pièces d'or dans des boîtes de médicaments.

_____ 3. Quelqu'un a hérité de 2,1 kilogrammes d'or.

C. Complétez les phrases d'après le passage.

1. Le maire a ouvert une enquête pour _____

2. Le trésor est composé de _____

3. Ce trésor a une valeur de _____ F ou d'environ

   _____ $

4. _____ ont trouvé le trésor.

5. Les pièces d'or sont d'origine _____ et elles

   datent de la période _____. Le prospectus date

   du _____.

6. Depuis la découverte du trésor, environ _____

   personnes ont téléphoné _____ ou

   _____ pour revendiquer la propriété du trésor.

STRUCTURE

PRATIQUE: Les Pronoms interrogatifs

ACTIVITE 2: Ecoutez cette version du passage *A qui les pièces d'or?* et complétez les mots ou les expressions interrogatives qui manquent aux phrases dans votre cahier. On va lire les passages une fois. Vous pouvez arrêter la cassette pendant que vous écrivez.

1. _____ se passe dans la petite commune de Corcieux?

2. C'est _____, le trésor?

3. _____ pièces d'or, vous dites?

4. _____ a découvert ce trésor?

5. _____ sont les pièces d'or?

6. _____ datent-elles?

7. _____ a-t-on caché un trésor pareil?

8. _____ pèsent-elles?

9. _____ se passe à Corcieux depuis la découverte?

ACTIVITE 3: Vous allez entendre huit phrases. Chaque phrase est suivie d'une expression interrogative. Employez cette expression pour former une question. Ensuite, vous allez entendre la réponse correcte.

MODELE: *Vous entendez:* Il a trouvé un grand trésor. (qu'est-ce que)

Vous dites: Qu'est-ce qu'il a trouvé?

Vous entendez: Qu'est-ce qu'il a trouvé?

SCENARIO

Vous allez entendre des actualités à la radio. Ecoutez bien les deux histoires et complétez les exercices de compréhension qui suivent. On va lire les actualités une seule fois; il sera peut-être nécessaire de les écouter plusieurs fois afin de répondre aux questions. Maintenant écoutez-les, puis faites les parties A, B et C.

A. Répondez aux questions suivantes pour nommer le sujet et expliquer l'idée centrale de chaque histoire.

1. Quel est le sujet de la première histoire? _____

2. Expliquez dans une phrase si c'est bon ou mauvais pour la santé.

_____

3. De quoi la deuxième histoire traite-t-elle? _____

4. Expliquez en une phrase ce que les personnages principaux ont fait.

_____

B. Répondez aux questions suivantes:

1. Qui a fait les recherches décrites dans le premier passage? Où travaille-t-il?

_____

2. Cochez les caractéristiques qui décrivent ses conclusions.

_____ a. Il est riche en calories.

_____ b. Il donne du cholestérol.

_____ c. Il ne donne pas de crises de foie *(liver)*.

_____ d. Il ne constipe pas.

_____ e. Il ne provoque pas d'allergies.

_____ f. Il provoque de l'acné.

_____ g. Il est riche en potassium.

_____ h. Il exerce une action antidépressive.

C. D'après le deuxième passage, indiquez si les phrases suivantes sont vraies ou fausses.

   _____ 1. Le passage raconte l'histoire de deux criminels.

   _____ 2. Ils ont volé des voitures à Toulouse.

   _____ 3. Ils ont trouvé 150 000 F (27 000$) dans les voitures.

   _____ 4. Ils ont laissé l'argent sur le trottoir (sidewalk) .

D. Prenez le rôle de l'animateur de programme à la radio. Ecrivez trois questions que vous aimeriez poser au Dr Hervé Robert ou aux criminels. Ensuite, répondez aux questions.

1. _____?

   _____.

2. _____?

   _____.

3. _____?

   _____.

NOM: _____

COURS: _____

DATE: _____

Chapitre 3
Faire un portrait

FONCTION

ACTIVITE 1: Dans la première partie, choisissez la description qui n'est pas cohérente avec les autres. Ensuite, dans la deuxième partie, mettez ensemble les descriptions et les catégories.

Partie 1

1. grand / de taille moyenne / long / un mètre soixante / petite

2. frisés / carrées / raides / ondulés

3. la trentaine / d'un certain âge / environ 25 ans / un tatouage

4. musclé / carré / ovale / rond

5. une cicatrice / des lunettes / une moustache / un tatouage / le nez

6. bleus / noisette / bruns / roux

7. gros / énorme / mince / maigre / ondulé

8. gris / châtain / blonds / roux / la vingtaine

Partie 2

Ces mots décrivent:

_____ a. la couleur des cheveux ou leur forme

_____ b. le genre de nez, de menton, d'yeux ou de visage

_____ c. la taille du corps

_____ d. la couleur des yeux

_____ e. l'âge

_____ f. d'autres caractéristiques physiques

ACTIVITE 2: Faites une description complète d'un des personnages suivants. Décrivez la taille, le visage (les yeux, le nez, le menton), les cheveux, l'âge et les autres caractéristiques importantes.

_____

_____

_____

_____

STRUCTURE

PREPARATION: L'Accord et la position des adjectifs

Agreement of Adjectives

Adjectives agree in number and gender with the noun they modify. The plural is generally formed by adding an **s.** If the adjective ends in **s** or **x**, nothing is added to form the plural. Note the following regular patterns.

	Il est	Elle est	Ils sont	Elles sont
ending in -**e**				
Il est un peu étrange.				
	étrange	étrange	étranges	étranges
ending in a consonant or -**é, -u, -i**				
Il a le visage rond, pas pointu.				
	rond	ronde	ronds	rondes
	pointu	pointue	pointus	pointues
ending in -**if**				
Il est sportif.				
	sportif	sportive	sportifs	sportives

ending in **-eux**

C'est sérieux?

| sérieux | sérieuse | sérieux | sérieuses |

ending in **-s**

Il est gros.

| gros | grosse | gros | grosses |

ending in **-al**

Il a un nez normal.

| normal | normale | normaux | normales |

ending in **-en**

Il est de taille moyenne.

| moyen | moyenne | moyens | moyennes |

ending in **-er**

C'est la première fois que je l'ai vu.

| premier | première | premiers | premières |

Adjectives of Color

Note that an adjective of color modified by another adjective becomes invariable: "brown hair" = **des cheveux bruns,** but "dark brown hair" = **des cheveux brun foncé** (similarly, **des cheveux brun clair, des yeux bleu ciel, des lunettes bleu marine**). Certain adjectives of color that are themselves nouns are invariable, including **noisette, marron, orange, citron, crème, or, argent, cerise, kaki, turquoise.**

Placement of Adjectives

1. Most adjectives are placed after the noun.

    Jeanne est une jeune fille intelligente.

2. Certain common adjectives that describe beauty, age, goodness, size, or sequence are normally placed before the noun.

    un petit / grand / gros garçon
    une belle / jolie / vilaine / gentille petite fille
    un nouveau / jeune / vieux directeur
    un bon / mauvais / meilleur directeur
    le premier / dernier / autre / même travail

3. When two adjectives are used to describe the same noun, the word **et** is usually added between the two. If the adjectives both precede the noun, **et** is optional.

    C'est un homme intelligent et sympa.

    C'est un beau petit garçon.

ACTIVITE 3: Décrivez les personnes suivantes. Employez la forme correcte des adjectifs. Faites attention à la forme de l'adjectif, à la position de l'adjectif et à l'emploi du mot **et**. Vérifiez vos réponses dans l'appendice.

> MODELE: un homme / beau / jeune
>
> <u>C'est un beau jeune homme.</u>

1. un monsieur / vieux / obstiné / avare

    _____

2. une femme / réservé / altruiste

    _____

3. une fille / joli / petit / actif / gentil

    _____

4. des directeurs des finances / nouveau / conservateur / strict

    _____

5. une dentiste / jeune / calme / sérieux

    _____

6. des acteurs / beau / amusant / bavard

    _____

7. des patronnes / nouveau / intelligent / courageux

    _____

8. un professeur / chaleureux / ouvert / amusant

    _____

PRATIQUE: Le Comparatif et le superlatif

ACTIVITE 4: Pour chaque groupe de personnes, écrivez deux phrases selon le modèle.

> MODELE: Sophie / sportive / Elise et Chantal
>
> <u>Sophie est plus sportive qu'Elise et Chantal.</u>
>
> <u>Sophie est la plus sportive de toutes les femmes.</u>

1. Robert / grand / Marc et Philippe

    _____

    _____

2. Anne / jeune / Suzanne et Caroline

    _____

    _____

3. Barbette et Alice / gros / Yvette et Denise

    _____

    _____

4. David et Jacques / fort / Robert et Christian

_____

_____

5. Marc / bon / Yves et Johanny

_____

_____

6. Brigitte et Anne-Marie / bon / Françoise et Marie-Claire

_____

_____

ACTIVITE 5: Lisez les statistiques suivantes concernant un rapport intéressant entre la taille et la catégorie socioprofessionnelle. Ensuite, employez les expressions données pour écrire des phrases.

MODELE: plus grand(e)(s)

<u>Les hommes sont plus grands que les femmes.</u>

Taille et hierarchie sociale (en cm)	hommes	femmes
Cadres supérieurs, professions libérales	176,4	162,7
Cadres moyens, techniciens	173,2	160,7
Employés, commerçants	172,6	160,4
Inactifs	170,9	161,0
Ouvriers	170,8	159,1
Agriculteurs	167,5	157,4

1. plus petit(e)(s)

_____

2. moins grand(e)(s)

_____

3. aussi grand(e)(s)

_____

4. beaucoup plus grand(e)(s)

_____

5. les plus grand(e)s

_____

6. les plus petit(e)s

_____

ACTIVITE 6: D'après vous, lesquelles des professions de l'activité 5 sont les plus pratiquées en France? Employez les expressions **plus de, autant de** ou **moins de** pour exprimer votre opinion selon le modèle.

> MODELE: Techniciens / Ouvriers
>
> <u>Il y a autant de techniciens que d'ouvriers.</u>

1. Cadres supérieurs / Ouvriers

   _____

2. Cadres moyens / Agriculteurs

   _____

3. Techniciens / Inactifs

   _____

4. Employés / Professions libérales

   _____

5. Inactifs / Commerçants

   _____

6. Ouvriers / Employés

   _____

7. Agriculteurs / Techniciens

   _____

8. Cadres supérieurs / Cadres moyens

   _____

SECTION 2 / *Qu'est-ce que vous pensez de lui?*

FONCTION

ACTIVITE 1: Mettez ensemble les expressions qui correspondent: une à la forme masculine et une à la forme féminine. Ensuite, indiquez les expressions qu'on emploie pour désigner quelqu'un par sa situation (écrivez S) ou par son apparence physique (écrivez AP).

<u> i </u> <u> S </u> 1. Voilà Marthe.
<u> g </u> <u>AP</u> 2. Le blond!
____ ____ 3. C'est elle, en face d'Alain.
____ ____ 4. Il porte des lunettes de soleil.
____ ____ 5. C'est le sportif.
____ ____ 6. Elle est là-bas, avec Marie.

a. Ce sont elles, là-bas.
b. Elle porte des lunettes.
c. Ce n'est pas elle, là-bas.
d. C'est lui, en face de Paule.
e. La voilà.
f. Le roux.

___ ___	7.	Le voilà.
___ ___	8.	Ce sont eux, juste là-bas.
___ ___	9.	La rousse.
___ ___	10.	Ce n'est pas lui.
___ ___	11.	Il est le plus grand.
___ ___	12.	Ça, c'est Marc.

g. La blonde.

h. C'est la sportive!

i. Voilà Roger.

j. Elle est la plus grande.

k. Ça, c'est Mathilde.

l. Il est là-bas, avec Pierre.

ACTIVITE 2: Dans les deux scènes suivantes, on désigne quelqu'un par sa situation et par son apparence physique. Malheureusement, les rôles sont mélangés. Récrivez les expressions suivantes dans l'ordre correct pour reconstituer les scènes.

Scène A

Là-bas!
Elle porte des jeans et des lunettes de soleil.
Elle est juste là-bas avec Martin.
Ah oui! Je la vois maintenant.
Où au juste?
Où?
Je ne la vois toujours pas.

1. Voilà Anne-Claire.

2. _____

3. _____

4. _____

5. _____

6. _____

7. _____

8. _____

Scène B

Où ça?
Si! C'est lui!
A côté de Christine. Tu le vois?
Ce n'est pas lui! Il est plus grand que cet homme-là.
Ah, bon! Tu as raison!
Pas du tout. Le voilà! C'est le sportif avec Jacques et Denise.

1. C'est Roland, n'est-ce pas?

2. _____

3. _____

4. _____

5. _____

6. _____

7. _____

STRUCTURE

PREPARATION: Les Pronoms disjoints

Forms of the Disjunctive Pronouns

The following are the disjunctive pronouns in French.

moi	nous
toi	vous
lui	eux
elle	elles

Use of the Disjunctive Pronouns

Disjunctive pronouns are used

1. to point people out, after **c'est.**

   C'est **lui!** Le jeune homme avec les cheveux blonds.

   Ce sont **eux** qui ont causé l'accident.

2. alone in a sentence without a verb.

   Moi? Mais non, ce n'est pas moi.

3. in compound subjects.

   Lui et elle, ils ont les yeux bleus.

4. after prepositions.

   Alors, vous venez avec **nous?**

   C'est pour **moi?** Comme c'est gentil!

5. to emphasize the identity of a person.

   Vous, vous êtes son père?

ACTIVITE 3: Complétez le dialogue suivant. Employez des pronoms disjoints.

—Hé! Là!

—Qui? _____? Vous me parlez à _____?

—Oui, c'est à _____ que je parle. Vous connaissez cet individu?

—_____? Non, je ne connais pas cette jeune fille.

—Non, pas la jeune fille, mais le jeune homme. Vous le connaissez,

   _____?

—Pas du tout.

—Vous êtes sûr? Vous n'êtes pas des cousins, _____ et

   _____, par hasard?

—Mais c'est Jean! C'est bien _____! Je ne l'avais pas reconnu!

—Dans ce cas, voulez-vous venir avec _____ à la préfecture?

—Vous plaisantez, je n'ai rien fait, _____!

PRATIQUE: Les Pronoms d'objet direct et indirect

ACTIVITE 4: Complétez les mini-dialogues avec les pronoms qui manquent. N'oubliez pas de faire les accords, s'ils sont nécessaires.

Scène A

—Viens, Christine! David _____ (*us*) attend.

—Calme- _____ (*yourself*)! Il _____ (*us*) a

attendu_____ avant et il peut _____ (*us*) attendre encore une

fois.

—David! Attends-_____ (*us*)! Nous venons tout de suite!

Scène B

—Il dit qu'il ne _____ (*her*) reconnaît pas?

—Oui, il dit qu'il ne _____ (*her*) a jamais vu_____ avant et qu'il

ne _____ (*her*) a jamais parlé. De plus, il ne _____

(*you*) a pas reconnu_____ non plus, Martine.

—Ecoute-_____ (*me*)! Ce n'est pas possible. C'est mon cousin. Il va

_____ (*me*) reconnaître quand j'enlève ce masque.

Scène C

—Jean-Claude Killy? Oui, je _____ (*him*) vois. Je

_____ (*him*) ai vu_____ à la télé pendant les Jeux Olympiques.

De plus, je _____ (*to him*) ai parlé _____.

—Oui, je _____ (*you*) ai vu _____ ensemble. Je

_____ ai vu _____, mais je ne _____ ai pas

parlé_____.

ACTIVITE 5: Complétez le dialogue suivant. Ne répétez pas les noms, mais employez des pronoms quand c'est possible. Faites très attention au choix du pronom et aux temps des verbes.

MODELE: Tu vois Christine et Philippe?

<u>Oui, je les vois.</u>

1. —Tu reconnais cet homme là-bas?

   —Non, je _____

2. —Et la jeune fille avec lui… tu n'as jamais vu cette jeune fille?

   —Non, je _____

3. —Tu dis que tu n'as jamais parlé à ces gens?

   —Non, je _____

4. —Tu reconnais peut-être les deux enfants avec eux?

   —Non, je _____

5. —Tu n'as jamais parlé aux enfants?

   —Je ne _____

   —Mais pourquoi est-ce que tu _____ poses toutes ces

   questions?

6. —Parce que tu devrais _____ reconnaître! C'est Jean et

   Christine et leurs enfants. Nous avons passé un mois avec eux en vacances.

   —Ah, bon. Maintenant je _____

SECTION 3 / *Quelques portraits*

FONCTION

ACTIVITE 1: Lisez les deux passages suivants, puis écrivez ci-dessous autant de renseignements que possible.

	Scène A	**Scène B**
Nom	_____	_____
Age	_____	_____
Nationalité/Profession	_____	_____
Vêtements	_____	_____
Taille	_____	_____
Cheveux	_____	_____
Personnalité/Caractère	_____	_____

Scène A

«Je la connais... », répéta-t-il.

«Elle a... dix-huit ans. Elle est... blonde, tirant sur le châtain *(tending toward chestnut color)*. Eh bien non, ses yeux ne sont pas bleus..., peut-être, bien que ce soit peu courant *(not common)*. Notre rencontre a été trop fugitive... Je n'ai pas bien vu... En revanche, j'ai remarqué sa jupe plissée *(pleated)* qui lui arrivait à mi-mollets *(mid-calf length)*... blanche ou crème. Une jupe retenue par une ceinture dorée, en rouleau, très étroite. Attendez! je crois qu'elle avait posé son vélo sur le trottoir. Elle devait porter des chaussures à talons plats. Je crois, mais je crois seulement qu'elle avait des tresses *(braids)* disposées en diadème autour de sa tête.»

(*Le Secret des Andrônes*, Pierre Magnan)

Scène B

Une dépêche de toute dernière minute nous parvient. Le cadavre d'un inconnu de sexe masculin vient d'être découvert en bordure de la voie ferrée Brest-Paris, une dizaine de kilomètres avant Landerneau. L'homme n'avait sur lui aucune pièce permettant de l'identifier. Voici son signalement: grand, chevelure blonde très fournie, vêtu d'un complet prince-de-galles (*plaid*) à dominante verte, cravate rayée olive, chaussures et gants marron clair. Il porte une alliance (*wedding ring*) de platine et une chevalière (*signet ring*) marquée aux initiales E.F.

(*Les Sirènes de minuit*, Jean-François Coatmeur)

STRUCTURE

PREPARATION: Les Adjectifs à deux sens

The following adjectives change their meaning according to whether they precede or follow the noun.

ancien	Philippe est un **ancien** ami.	*a longtime or former friend*
	Il a une voiture **ancienne** qui fait beaucoup de bruit.	*an old car*
certain	C'est Georges. Il a une **certaine** idée qui va lui apporter un succès **certain**.	*a certain idea* *a sure success*
cher	Voici ma **chère** amie Anne.	*my dear friend*
	Elle porte toujours des habits **chers**.	*expensive clothes*
dernier	J'étais musicien la **dernière** année de mes études.	*my last (in a series) year*
	C'était l'année **dernière**.	*last (just past) year*
même	Nous sommes nées le **même** jour.	*the same day*
	Et ce jour **même**, nos mères se sont rencontrées à l'hôpital.	*that very day*
pauvre	Henri est un **pauvre** type.	*an unfortunate person*
	Il vient d'une famille **pauvre**.	*a poor family*
premier	C'est la raison **première** que je suis ici.	*the chief, principal reason*
	Je veux être le **premier** homme sur Mars.	*the first man*
propre	Non, merci, j'ai ma **propre** voiture.	*my own car*
	Oh, oui. Elle est toujours **propre**.	*clean*
prochain	Au revoir! La **prochaine** fois allons à la plage!	*next (another in a series) time*
	A l'année **prochaine**!	*next (the coming) year*
seul	Pierre est mon **seul** ami américain.	*my only friend*
	Malheureusement, c'est un homme **seul**.	*a lonely (solitary) man*
simple	C'est un **simple** jeu.	*a mere game; just a game*
	Grégoire est riche, mais est-ce qu'il vit d'une façon **simple**?	*a simple way*

ACTIVITE 2: Choisissez la meilleure traduction de chaque mot *en caractères gras*. Faites attention à la place de l'adjectif. Vérifiez vos réponses dans l'appendice.

1. Je pense à un **certain** garçon mais je ne crois pas que tu le connaisses.

   a. certain   b. likely, sure

2. J'ai fait sa connaissance le jour **même**.

   a. the same day   b. that very day

3. J'ai ma **propre** opinion de son caractère. Je le trouve aimable mais un peu réservé.

   a. own   b. clean

4. Je n'ai qu'une **simple** question. Est-il toujours si désagréable?

   a. only, mere   b. not difficult

5. Tu le reconnaîtras tout de suite. C'est le **seul** homme qui se coiffe de cette façon.

   a. lonely   b. only

6. Les affaires vont lui apporter un succès **certain**.

   a. certain   b. sure

7. A l'année **prochaine**, donc!

   a. another year   b. the coming year

8. C'est ma **chère** amie. Et elle est très riche.

   a. with expensive tastes   b. dear

ACTIVITE 3: Employez l'adjectif entre parenthèses dans les phrases suivantes. Faites attention à l'accord et à la place de l'adjectif selon le contexte. Vérifiez vos réponses dans l'appendice.

1. L'année (dernier) j'ai acheté ma voiture (premier). Ce n'était pas une voiture (cher).

   _____

   _____

2. A la fête de Christine j'étais l'homme (seul).

   _____

3. C'est un homme (simple) qui vient d'une famille (pauvre).

   _____

4. Voici mon amie (cher) Josette. Elle a une idée (certain) sur le mariage.

   _____

   _____

5. J'ai rencontré Mariane et le jour (même) nous nous sommes fiancés.

   _____

   _____

6. Je n'ai pas besoin d'argent. J'ai mon compte en banque (propre).

_____

7. J'ai rencontré un ami (ancien). Je ne l'avais pas vu depuis dix ans.

_____

8. Excusez-moi, je descends à la station (prochain)!

_____

PRATIQUE: Les Pronoms multiples

ACTIVITE 4: Modifiez les phrases suivantes. Employez des pronoms au lieu des expressions en italique.

MODELE: Je vais présenter *Monique à Jean*.

<u>Je vais la lui présenter.</u>

1. Tu as raconté *l'histoire à Pierre?*

_____

2. Ne raconte pas *l'histoire à Pierre* si elle est de mauvais goût!

_____

3. Je vais raconter *l'histoire à Jean* tout de même.

_____

4. Vous allez présenter *les nouveaux membres du club aux anciens membres?*

_____

5. Ne présentez pas *les nouveaux membres du club aux anciens membres;* c'est le président qui devrait le faire.

_____

6. Présentons *les nouveaux membres du club aux anciens membres;* le président est absent.

_____

7. J'ai envoyé *le cadeau à Pierrette*. Est-ce qu'elle l'a reçu?

_____

8. Je ne crois pas, parce qu'elle ne m'a pas parlé *de cadeau*.

_____

ACTIVITE 5: Utilisez les expressions soulignées pour compléter les mini-dialogues suivants selon le modèle.

MODELE: *Présente-moi Yvonne;* elle a l'air très gentil.

—<u>Présente-la-moi!</u>

—<u>Je ne te l'ai pas présentée hier soir? Bon. Je vais te la présenter tout de suite.</u>

1. *Présente-moi Paul et Sylvie;* on m'a dit que ce sont des gens intéressants.

— _____

— _____

2. *Envoyez-nous leur photo* pour que nous puissions les reconnaître quand ils arriveront.

— _____

— _____

3. *Donnez-lui les renseignements;* il veut les acceuillir à l'aéroport.

— _____

— _____

4. *Expliquez-nous les détails du voyage;* comment est-ce que nous allons retrouver notre guide?

— _____

— _____

5. Comment est-ce que je vais les reconnaître? *Montrez-moi les photos,* si c'est possible!

— _____

— _____

NOM: _____

COURS: _____

DATE: _____

Chapitre 3
Faire un portrait

SECTION 1 / *Identifiez-vous!*

FONCTION

ACTIVITE 1: Vous allez entendre plusieurs descriptions qu'on va lire deux fois. Regardez bien les portraits ci-dessous et indiquez de qui il s'agit.

Mme Dutertre   Mlle Halman   Mme Leclos

MODELE: *Vous entendez:* Elle est d'origine japonaise.

	Mme Dutertre	Mlle Halman	Mme Leclos			Mme Dutertre	Mlle Halman	Mme Leclos
	_____	_____	X					
1.	_____	_____	_____		7.	_____	_____	_____
2.	_____	_____	_____		8.	_____	_____	_____
3.	_____	_____	_____		9.	_____	_____	_____
4.	_____	_____	_____		10.	_____	_____	_____
5.	_____	_____	_____		11.	_____	_____	_____
6.	_____	_____	_____		12.	_____	_____	_____

ACTIVITE 2: Vous allez entendre un dialogue entre Pierre et un garçon de café. Ecoutez-le, puis identifiez l'idée principale et vérifiez les détails et les expressions. On va lire le dialogue une seule fois; vous pouvez l'écouter plusieurs fois afin de répondre aux questions.

A. De quoi s'agit-il?

   1. Le passage est _____ une publicité à la radio. _____ les nouvelles à la radio. _____ les paroles d'une chanson. _____ une conversation.

   2. Le langage est _____ formel. _____ familier.

   3. Le ton de la scène est _____ léger. _____ poli et respectueux. _____ sérieux. _____ familier.

B. Choisissez le meilleur résumé du passage. Justifiez votre choix.

   _____ 1. Le garçon n'a pas vu l'amie de Pierre.

   _____ 2. Le garçon indique que la description de Pierre n'est pas assez détaillée.

   _____ 3. Le garçon pense que l'amie de Pierre est à l'intérieur du café.

C. Choisissez la meilleure description de l'amie de Pierre d'après la scène.

   _____ 1. Qui est-ce?
       a. une amie   b. un ami   c. des amis

   _____ 2. Cheveux:
       a. blonds   b. noirs   c. roux

   _____ 3. Cheveux:
       a. longs   b. courts   c. frisés

   _____ 4. Taille:
       a. petite   b. de taille moyenne   c. grande

   _____ 5. Physique:
       a. maigre   b. mince   c. forte

   _____ 6. Visage:
       a. rond   b. ovale   c. carré

   _____ 7. Yeux:
       a. bruns   b. gris   c. bleus

D. Ecoutez la scène encore une fois, puis complétez les phrases suivantes avec les mots qui manquent.

   1. Je cherche une _____ fille _____ qui porte _____.

   2. Elle est _____, un peu _____, avec les cheveux _____ assez _____.

   3. Elle a le visage _____ avec les yeux _____.

STRUCTURE

PRATIQUE: Le Comparatif et le superlatif

ACTIVITE 3: Vous allez entendre plusieurs phrases. Chaque phrase sera lue une fois. Indiquez si la phrase est au comparatif (C) ou au superlatif (S).

> MODELE: *Vous entendez:* Christine est plus grande que Marie.
>
> *Vous écrivez:* ___C___

1. _____   5. _____   9. _____

2. _____   6. _____   10. _____

3. _____   7. _____   11. _____

4. _____   8. _____   12. _____

ACTIVITE 4: Vous allez entendre plusieurs phrases. Transformez chaque phrase deux fois, d'abord au comparatif et ensuite au superlatif. Après chaque phrase, vous allez entendre la réponse correcte.

> MODELE: *Vous entendez:* Il est grand. (David)
>
> *Vous dites:* Il est plus grand que David. C'est le plus grand du groupe.
>
> *Vous entendez:* Il est plus grand que David. C'est le plus grand du groupe.

SECTION 2 / *Qu'est-ce que vous pensez de lui?*

FONCTION

ACTIVITE 1: Vous allez entendre plusieurs petits échanges qu'on va répéter deux fois. Indiquez si la deuxième personne répond à la première personne avec une réponse logique (L) ou pas logique (P).

> MODELE: *Vous entendez:* —C'est Roger! A côté de Marianne.
>
> —Où est-il au juste?
>
> *Vous écrivez:* ___L___

1. _____ 2. _____ 3. _____ 4. _____ 5. _____ 6. _____ 7. _____ 8. _____

ACTIVITE 2: Dans cette scène, Marie et Philippe désignent leurs amis. Ecoutez la scène, puis faites les activités. On va lire le dialogue une seule fois; il sera peut-être nécessaire de l'écouter plusieurs fois afin de répondre aux questions.

A. Décrivez la conversation.

1. Le langage est _____ formel. _____ familier. _____ formel et familier.

2. Le ton de la scène est _____ léger. _____ poli et réservé.

_____ sarcastique. _____ familier.

B. Choisissez le meilleur résumé de la scène. Justifiez votre choix.

1. Marie pense que c'est Roger L'Ouverture mais ce n'est pas lui.

2. Philippe pense que c'est le frère de Roger et il a raison.

3. Ce n'est ni Roger ni Robert L'Ouverture.

C. Ecoutez la scène encore une fois, puis répondez aux questions.

1. Complétez la carte d'identité suivante avec autant de détails que possible d'après ce que vous avez appris de Roger L'Ouverture.

a. Nationalité: _____

b. Age: _____

c. Taille: _____

d. Physique: _____

e. Apparance physique (cheveux, menton, nez, yeux,...): _____

_____

2. Quand vous identifiez quelqu'un, est-ce que vous mentionnez souvent sa nationalité? Pourquoi ou pourquoi pas?

_____

_____

C. Ecoutez la scène encore une fois et choisissez les expressions qu'on utilise pour désigner quelqu'un par sa situation.

_____ 1. Voilà...   _____ 4. C'est lui!

_____ 2. C'est lui, là-bas.   _____ 5. Là-bas!

_____ 3. Le voilà!   _____ 6. A côté de Robert!

STRUCTURE

PRATIQUE: Les Pronoms d'objet direct et indirect

ACTIVITE 3: Pour chaque phrase que vous entendez, choisissez le pronom qui remplacerait le nom. Après chaque phrase vous allez entendre la réponse correcte.

>   MODELE: *Vous entendez:* Je vais parler à Robert.
>
>   *Vous choisissez:* __X__ lui _____ le
>
>   *Vous entendez:* Je vais lui parler.

1. _____ y _____ en
2. _____ la _____ lui
3. _____ leur _____ le
4. _____ lui _____ vous

5. _____ y _____ lui
6. _____ l' _____ lui
7. _____ en _____ les
8. _____ le _____ les

ACTIVITE 4: Vous allez entendre une conversation. Dans chaque phrase, remplacez l'objet direct ou indirect par le pronom d'objet direct ou indirect qui convient. Après chaque phrase, vous allez entendre la réponse correcte. Après avoir entendu toutes les phrases, résumez en une ou deux phrases l'idée principale de la conversation.

>   MODELE: *Vous entendez:* J'aime Jean.
>
>   *Vous dites:* Je l'aime.
>
>   *Vous entendez:* Je l'aime.

L'idée principale:

_____

_____

PHONETIQUE: [a] et [i]

Both the vowels **a** and **i** should pose no problems in pronunciation since they have equivalents in English. The vowel **a** is generally pronounced *ah* in French. However, there are several contexts in which it is not pronounced *ah*:

- When **a** is followed by the letter **i**, it is pronounced as **è**, as in **mais, vais.**

- When **a** is followed by **n, m, in,** or **im,** it is pronounced as a nasal vowel, as in **dans, plan, vain.**

- When **a** is followed by the letter **u**, or when it is part of the letters **eau**, it is pronounced *oh*, as in **il faut, c'est beau.**

The vowel **i** is generally pronounced *ee* in French. However, watch out for the following contexts.

- When **i** is followed by **n** or **m** or when it is part of the letters **aim, ain, ein,** it is pronounced as a nasal vowel, as in **vin, faim, plein.**

ACTIVITE 5: Répétez les mots et les phrases en faisant très attention aux voyelles **a** et **i**.

Anne	à mon avis	assez amusant	ami	main
art	Marie	*Carmen*	parler	frais
formidable	passionnant	plan	classique	demain
bien	vite	opéra	cinéma	devant

1. Nous allons aller nous amuser avec Anne et Alain.

2. A mon avis, le cinéma est assez amusant, mais l'opéra classique est formidable.

3. Je trouve l'opéra passionnant.

4. Est-ce que vous vous êtes amusés au festival?

5. Marie? Ah, oui, elle est très amusante.

SECTION 3 / *Quelques Portraits*

FONCTION

ACTIVITE 1: Ecoutez le passage *La Localisation des étrangers en France*, puis vérifiez l'idée principale, les détails et les expressions importantes. On va lire le texte une seule fois; il sera peut-être nécessaire de l'écouter plusieurs fois afin de répondre aux questions.

A. Décrivez le passage.

1. Le texte est tiré _____ de l'éditorial. _____ des lettres à l'éditeur.

   _____ de la section *Nouvelles*. _____ de la section *Jeux et loisirs*.

2. Le langage est _____ formel. _____ familier.

3. Le ton du passage est _____ léger. _____ poli mais amusé.

   _____ familier. _____ sérieux.

B. Choisissez le meilleur résumé de la scène. Justifiez votre choix.

1. Il y a beaucoup de gens de nationalité étrangère en France.

2. Les gens de nationalité étrangère habitent un peu partout en France.

3. Les gens de nationalité étrangère habitent plutôt dans les grandes villes.

4. Il y a davantage de gens de nationalité étrangère en France aujourd'hui qu'autrefois.

C. Ecoutez le passage encore une fois et répondez aux questions.

1. Quelle est la question principale posée dans cet article?

_____

2. Qui a fait les recherches rapportées dans cet article?

_____

3. Vérifiez les détails suivants.

a. Combien de gens de nationalité étrangère habitent en France?

_____

b. Quel pourcentage habite… en Ile-de-France? _____

dans la région Rhône-Alpes? _____ en Provence-

Côte-d'Azur? _____

c. Quelles régions ont le moins de gens de nationalité étrangère? _____

_____

d. A Paris, quel rapport trouvez-vous entre les gens de nationalité

française et ceux de nationalité étrangère? _____

_____

4. Expliquez si vous trouvez les conclusions de l'article logiques ou pas logiques.

_____

_____

_____

STRUCTURE

PRATIQUE: Les Pronoms multiples

ACTIVITE 2: Vous allez entendre plusieurs phrases. Ecrivez le numéro de la phrase devant la phrase correspondante de la liste ci-dessous.

MODELE: *Vous entendez:* 1. Tu me présentes Christine?

_____1_____ a Tu me la présentes?   _____ f. Tu le leur donnes?

_____ b. Tu la lui envoies?   _____ g. Tu les leur envoies?

_____ c. Tu nous les donnes?   _____ h. Tu me les présentes?

_____ d. Tu nous les dis?   _____ i. Tu me la dis?

_____ e. Tu me le présentes?

ACTIVITE 3: Remplacez l'objet direct ou indirect par le pronom qui convient dans chaque phrase. Faites très attention au choix et à la place du pronom! Après chaque phrase, vous allez entendre la réponse correcte.

MODELE: *Vous entendez:* Tu me présentes tes amis?

Vous dites: Tu me les présentes?

Vous entendez: Tu me les présentes?

SCENARIO

Ecrit en 1986, le passage que vous allez entendre est un portrait de Marcel Dassault à l'occasion de son 94e anniversaire. Dassault est très connu comme un des pionniers de l'aviation. Il est aussi un des hommes les plus riches et des plus célèbres en France. Ecoutez le portrait de Marcel Dassault, puis faites les activités. On va lire le passage une seule fois; il sera peut-être nécessaire de l'écouter plusieurs fois afin de répondre aux questions.

A. Indiquez si les phrases suivantes sont vraies ou fausses.

_____ 1. Marcel Dassault est né en 1892.

_____ 2. En 1945 il a changé son nom de Marcel Bloch à Marcel Dassault.

_____ 3. Son père était avocat à Strasbourg, où Marcel est né.

_____ 4. La famille de Marcel était pauvre.

_____ 5. Marcel était fils unique.

_____ 6. Quand Marcel avait 18 ans, il a vu sa première voiture.

_____ 7. Après l'école, il aimait assister aux essais *(experiments, tests)* des aviateurs.

_____ 8. On dit qu'il est l'homme le plus riche de France mais il ne pense pas que ce soit vrai.

_____ 9. Marcel Dassault prend ses richesses très au sérieux.

_____ 10. Il a travaillé pour ne pas s'ennuyer.

B. Mettez ensemble le sujet et la citation *(the quotation)* de Marcel Dassault.

A propos de...	**Marcel Dassault dit...**	
1. son anniversaire	_____ a.	«De toute façon, je ne fais jamais que trois repas par jour...»
2. la mort	_____ b.	«50 ans, c'est bien, mais 100 ans, c'est mieux.»
3. ses richesses	_____ c.	«Je suis un homme pratique: je n'ai pas peur de ce qui doit forcément arriver.»

C. Ecoutez le passage encore une fois. Tout en écoutant, notez les détails suivants afin de répondre à ces questions.

1. Décrivez la famille de Marcel Dassault.

(sa naissance: où, quand) _____

(son père) _____

(sa mère) _____

(ses frères / sœurs) _____

(d'autres détails) _____

2. D'après l'interview, qui est Marcel Dassault? Décrivez son caractère.

_____

_____

_____

_____

D. Prenez le rôle d'un reporter. Ecrivez trois questions que vous aimeriez poser à Marcel Dassault. Ensuite, répondez aux questions d'après ce que vous avez appris dans l'article.

1. _____?

_____

2. _____?

_____

3. _____?

_____

NOM: _____

COURS: _____

DATE: _____

Chapitre 4
Parler du bon vieux temps

SECTION 1 / *Qu'est-ce qu'ils ont dit?*

FONCTION

ACTIVITE 1: Dans le paragraphe suivant, quelqu'un donne son opinion du mouvement séparatiste. Au cours de l'explication, il (elle) utilise plusieurs expressions différentes pour gagner du temps. Lisez le paragraphe et complétez chaque expression avec le(s) mot(s) qui manque(nt).

_____ alors... (1) C'est- _____ - _____ que (2) je suis contre le séparatisme... _____ voilà... (3). A _____ avis... (4) le mouvement séparatiste détruit le consensus politique. Tu ne vois pas... ? On ne peut pas continuer comme ça. _____ comprends... (5) Je _____ dire _____ (6) nous devons faire quelque chose tout de suite pour arrêter toutes ces révoltes et pour unifier la patrie. Tu _____ penses _____ (7)? En somme, _____ sais (8), je suis tout à fait contre le séparatisme car il n'est pas patriotique.

Relisez le paragraphe et répondez aux questions.

1. Expliquez pourquoi celui (celle) qui parle est contre le mouvement séparatiste.

   _____

   _____

   _____

2. Etes-vous pour ou contre la révolte sociale? Expliquez.

   _____

   _____

ACTIVITE 2: Lisez les renseignements ci-dessous sur l'histoire des Canadiens d'origine française. Ensuite, choisissez quatre ou cinq renseignements que vous trouvez intéressants. Utilisez les renseignements que vous avez choisis pour écrire une petite composition que vous présenterez oralement. N'oubliez pas d'ajouter au moins six expressions pour gagner du temps. Ecrivez votre composition sur une autre feuille de papier.

Renseignements

—La présence française dans le Nouveau Monde date depuis 1536, date de l'exploration du Saint-Laurent par Jacques Cartier.

—Le Québec s'appelait «la Belle Province». Le Québec était tout d'abord connu comme «la Nouvelle-France».

—Le traité d'Utrecht donne le pouvoir de gouverner la région à l'Angleterre.

—6 000 Acadiens (colons de nationalité et de loyauté françaises) refusent d'abandonner leur identité française; ils sont déportés en Caroline du Sud, dans le Maine et en Louisiane.

—La campagne terroriste du FLQ (le Front de libération du Québec) a eu lieu en 1970.

—Parmi les slogans du FLQ, il y avait «Vive le Québec libre» et «OUI au Québec libre».

—Le 20 mai 1980 marque l'échec *(failure)* du OUI au Québec; 41% de la population québécoise approuvait l'indépendance du Québec.

STRUCTURE

PREPARATION: Les Verbes irréguliers *dire, lire* et *écrire*

The irregular verbs **dire, lire,** and **écrire** are useful in reporting material communicated to you by another person. Review the conjugations of these verbs.

dire	*lire*	*écrire*
je dis	je lis	j'écris
tu dis	tu lis	tu écris
il/elle/on dit	il/elle/on lit	il/elle/on écrit
nous disons	nous lisons	nous écrivons
vous dites	vous lisez	vous écrivez
ils/elles disent	ils/elles lisent	ils/elles écrivent
Passé composé: j'ai dit	j'ai lu	j'ai écrit

ACTIVITE 3: Complétez les phrases suivantes avec la forme correcte du verb **dire, lire** ou **écrire.** Vérifiez vos réponses dans l'appendice.

1. Ils _____ (dire) qu'ils sont contre le mouvement séparatiste.

2. Il _____ (dire, *passé composé*) que 41% des Québecois avaient voté pour le séparatisme.

3. Nous _____ (lire) un tract politique sur les problèmes des francophones au Canada.

4. Est-ce que vous _____ (lire, *passé composé*) ce même tract politique?

5. Vous _____ (écrire) un tract politique contre le mouvement séparatiste?

6. Je te _____ (dire) que tu as tort de l' _____ (écrire).

7. Si tu _____ (écrire) ce tract politique, je ne vais pas le _____ (lire).

8. Dans les sociétés démocratiques, on _____ (dire), on _____ (lire) et on _____ (écrire) tout ce qu'on veut.

PRATIQUE: Le Discours indirect

ACTIVITE 4: Imaginez-vous ce qu'a dit César pendant la guerre avec les Gaulois. Récrivez les phrases en utilisant le discours indirect.

MODELE: César dit à Vercingétorix: «Vous devez me livrer vos armes.»

César dit à Vercingétorix qu'il doit lui livrer ses armes.

1. César annonce aux Gaulois: «J'emporte Vercingétorix au cirque à Rome.»

   _____

2. César insiste: «Les Gaulois ne vont plus me résister.»

   _____

3. Les consuls de Rome demandent: «La Gaule est-elle tout à fait vaincue?»

   _____

4. Les Gaulois leur répondent: «Nous n'allons pas nous soumettre à César.»

   _____

5. Un druide gaulois affirme: «Nous allons continuer la lutte.»

   _____

ACTIVITE 5: Les phrases suivantes sont soit *(either)* des citations directes soit *(or)* des phrases attribuées à des personnages historiques célèbres. Employez les éléments donnés pour faire des phrases au discours indirect. Faites très attention au temps des verbes.

MODELE: Descartes: «Je pense, donc je suis.»

<u>Descartes a dit qu'il pensait, donc qu'il était.</u>

1. Louis XIV: «Je suis le roi soleil.» _____

_____

2. Louis XIV: «Il y a un roi, une foi *(faith, religion)* et une loi.» _____

_____

3. Marie-Antoinette: «Les paysans doivent manger de la brioche.» _____

_____

4. Voltaire: «Je mène une révolution littéraire contre les privilèges des nobles et l'autorité des religieux.» _____

_____

5. La Fontaine: «Je vous enseigne la vertu et vous apprends la sagesse.» _____

_____

6. Candide: «Tout est bien dans le meilleur des mondes.» _____

_____

ACTIVITE 6: Le passage suivant est tiré du livre *Le Petit Prince* par Antoine de Saint-Exupéry. Dans le conte, un petit garçon raconte comment il dessine des animaux. Récrivez le passage au discours indirect.

1. Le garçon a dit: «Lorsque j'avais six ans, j'ai vu une magnifique image._____

_____

Dans l'image, un serpent boa avalait un fauve *(wild beast)*. »

2. On disait dans le livre: «Les serpents boas avalent *(swallow)* leur proie *(prey)* tout entière.» _____

_____

3. Il explique: «J'ai alors beaucoup réfléchi et j'ai réussi à tracer mon premier dessin.» _____

_____

4. Le petit garçon continue en disant: «J'ai montré mon chef-d'œuvre aux grandes personnes.» _____

_____

5. Il leur a demandé: «Est-ce que le dessin vous fait peur?» _____

_____

6. Les grandes personnes répondent: «Pourquoi un chapeau ferait-il peur?»

_____

7. Le petit garçon explique: «Je n'ai pas dessiné un chapeau. J'ai dessiné un serpent boa qui avale un éléphant.» _____

_____

8. A la fin de l'épisode, le petit garçon a affirmé: «Je pense que les grandes personnes ne sont pas très spirituelles *(bright, witty).»* _____

_____

SECTION 2 / *Moi, je le trouve très bien*

FONCTION

ACTIVITE 1: On utilise les expressions suivantes pour gagner du temps, pour rapporter ce que quelqu'un a dit ou pour encourager la conversation. Catégorisez les expressions selon la liste ci-dessous.

Il m'a dit que…	Dis ce que tu as à dire!	C'est-à-dire que…
Ne sois pas timide!	A mon avis…	Il m'a annoncé que...
Je voulais dire que… euh…	Tu n'es pas d'accord avec moi?	Qu'est-ce que tu voulais me dire?
Vous voyez...	Et toi, tu ne dis rien?	Il m'a expliqué que...
Tu veux dire quelque chose?	Eh bien, voilà…	Il a insisté que...
Il m'a demandé si...	Il m'a promis que...	Vous comprenez...

A. Pour gagner du temps

1. _____ 4. _____

2. _____ 5. _____

3. _____ 6. _____

B. Pour rapporter ce que quelqu'un a dit

    1. _____   4. _____

    2. _____   5. _____

    3. _____   6. _____

C. Pour encourager la conversation

    1. _____   4. _____

    2. _____   5. _____

    3. _____   6. _____

ACTIVITE 2: Voici deux vieux proverbes français très connus:

L'habit ne fait pas le moine *(monk)*.

Les vêtements font les gens.

Le premier proverbe est généralement bien accepté partout dans le monde. Le deuxième reflète l'importance des apparences et du style personnel dans l'esprit des Français. On dit que les vêtements, les apparences et le style ont eu une grande importance à l'époque du roi Louis XIV et que ce phénomène continue aujourd'hui. Complétez la conversation ci-dessous sur la mode en France. Utilisez les expressions de l'activité 1 selon les indications suivantes.

R = rapporter ce qu'un(e) ami(e) vous a dit
E = encourager la conversation
G = gagner du temps
EX = exprimer la surprise
O = donner son opinion

VOTRE AMI(E): (R) _____ que 58% des Français sont très

ou assez attentifs à la mode.

VOUS: (E) _____

VOTRE AMI(E): (G) _____. (R) _____

_____ que les Français ont acheté environ (G) _____

_____ 30 millions de jeans en 1990.

VOUS: (E) _____

VOTRE AMI(E): (R) _____ que les filles entre 10 et 16 ans

ont beaucoup de vêtements. (G) _____ elles ont en

moyenne 28 articles de plus que les garçons du même âge.

VOUS: (E) _____

VOTRE AMI(E): (G) _____ les filles entre 17 et 24 ans ont

en moyenne 44 articles de plus que les garçons du même âge.

VOUS: (EX) _____

VOTRE AMI(E): (R) _____ que les Français dépensent

moins pour leurs vêtements et que l'accessoire devient essentiel.

VOUS: (E) _____

VOTRE AMI(E): (G) _____. (R) _____

_____ que le confort et l'originalité des vêtements

sont de plus en plus importants.

VOUS: (O) _____

STRUCTURE

PREPARATION: Les Temps du verbe en français; le plus-que-parfait

Tenses in French

Much of the richness and precision in the French language comes from the elaborate system of verb tenses. As outlined on the timeline below, many tenses in French exist in pairs. In each pair, one tense reports action at a particular point in time and another tense reports events and actions that took place prior to that point in time.

<————————————————————— | —————————————————————>

plus-que-parfait <———> passé composé   futur antérieur <———> futur

- Events taking place in the past

   Actions are reported in the past using the **passé composé**. Events that took place prior to events reported in the **passé composé** are reported in the **plus-que-parfait**.

- Events taking place in the future

   Actions are predicted in the future using the **future tense**.

   Events that took place in the future but prior to such future events are reported in the **futur antérieur**.

- Other pairs of tenses that are used in French to report sequences of events include two literary tenses—the **passé simple** and the **passé antérieur**—which are presented in section 3 of this chapter, and the **conditionnel** and the **conditionnel passé** which are presented in chapter 12.

Formation of the *plus-que-parfait*

Like the **passé composé,** the **plus-que-parfait,** or pluperfect tense, is formed with two verbs, as follows:

   subject + the imperfect tense of + past participle
                          avoir
              or   **être**

The pluperfect tense follows the same rules for agreement and the same patterns for negation and interrogation as the **passé composé.**

Elle avait choisi les vêtements qu'elle aimait avant d'aller à la fête.

Elle était allée faire les magasins pour les trouver.

ACTIVITE 3: Ecrivez les verbes suivants au plus-que-parfait.

Partie A: Verbes réguliers

1. tu / voyager_____
2. il / finir_____
3. vous / attendre _____
4. elles / aller _____
5. nous / partir _____
6. elle / descendre _____

Partie B: Verbes irréguliers

7. je / avoir_____
8. vous / faire _____
9. elles / être _____
10. tu / venir _____
11. nous / pouvoir _____
12. il / naître_____
13. vous / connaître _____
14. vous / prendre _____
15. ils / dire_____

PRATIQUE: Le Plus-que-parfait

ACTIVITE 4: Lisez l'histoire suivante sur la jeunesse du grand roi Louix XIV entre 1643 et 1660. Ensuite, relisez chaque phrase et dites laquelle des actions a eu lieu avant les autres. Complétez chaque phrase au passé en utilisant le plus-que-parfait, le passé composé ou l'imparfait.

MODELE: Quand Louis XIII _____ (mourir), sa femme Anne d'Autriche

_____ (prendre) le pouvoir parce que Louis XIV n(e) _____

(avoir) que 4 ans.

Quand Louis XIII était mort, sa femme Anne d'Autriche a pris le pouvoir parce que Louis XIV n'avait que 4 ans.

1. Quand Anne d'Autriche _____ (devenir) régente,

elle _____ (choisir) l'Italien, Mazarin comme

premier ministre.

2. Quand le nouveau premier ministre _____

(augmenter) le pouvoir de la monarchie, les nobles unis par le Duc de Condé

_____ (se révolter) contre la monarchie.

3. Condé _____ (s'allier) contre la France. Il

_____ (contribuer) à la défaite de l'armée française

quand il _____ (gagner) plusieurs batailles

importantes.

4. Quand Condé _____ (revenir) en France, il

   _____ (mettre) le siège à la ville de Paris avec ses

   15 000 soldats.

5. Quand les Parisiens _____ (chasser) la reine Anne

   d'Autriche et son fils Louis XIV du palais, la famille royale

   _____ (quitter) Paris en secret.

6. Quand Anne d'Autriche _____ (signer) l'ordre

   d'arrestation de Condé en 1650, quelques-unes des provinces

   _____ (se révolter) contre la monarchie.

7. Quand Mazarin _____ (libérer) Condé pour mettre

   fin à la révolte dans les provinces, Condé _____

   (rentrer) en Espagne où le roi d'Espagne _____

   (déclarer) la guerre contre la France.

8. En somme, en 1659 Louis XIV _____ (se trouver)

   dans une situation difficile où la monarchie _____

   (être) peu populaire.

ACTIVITE 5: Les renseignements suivants donnent le résumé de la vie de Louis XIV entre 1660 et 1715. Mettez ensemble chaque paire de phrases selon le modèle. N'oubliez pas d'utiliser le plus-que-parfait et le passé composé pour indiquer l'ordre des événements.

> MODELE: Mazarin est mort. Louis XIV a décidé de gouverner seul.
>
> <u>Mazarin était déjà mort quand Louis XIV a décidé de gouverner seul.</u>

1. Louis a établi une monarchie de droit divin. Il a voulu dominer l'aristocratie.

   _____

   _____

2. Il a rassemblé toute l'aristocratie. Il a établi la cour à Versailles en 1681.

   _____

   _____

3. Il a entrepris de nouvelles guerres avec la Hollande et l'Espagne pour devenir maître d'Europe. Il a repris la persécution des protestants.

   _____

   _____

4. La France s'est battue dans une guerre sur toutes ses frontières aussi bien que sur la mer, en Amérique et aux Indes. Les rois d'Europe se sont inquiétés de l'ambition française.

_____

_____

5. Le coût de ces guerres a ruiné les finances nationales et le commerce. Louis XIV est mort en 1715.

_____

_____

ACTIVITE 6: Comment est votre routine quotidienne? Notez ci-dessous (partie A) ce que vous avez fait le week-end passé ou bien hier. Mettez ensemble des paires de phrases et écrivez quatre phrases (partie B) qui contiennent chacune un verbe au plus-que-parfait et un verbe au passé composé.

A. Notez vos activités ici:

_____   _____

_____   _____

_____   _____

_____   _____

B. Décrivez vos activités dans des phrases complètes ici.

1. _____

2. _____

3. _____

4. _____

SECTION 3	*On parle de révolution*

FONCTION

ACTIVITE 1: Vous avez appris plusieurs expressions pour encourager la conversation. Mettez ensemble le début des phrases avec une fin de phrase qui convient.

_____ 1. Vous vouliez   a. vous avez à dire!

_____ 2. Ne soyez pas   b. tout ça.

_____ 3. Vous n'êtes pas   c. dire quelque chose?

_____ 4. Dites ce que   d. à ajouter (dire)?

_____ 5. Vous n'avez rien   e. me dire?

_____ 6. Qu'est-ce que vous vouliez   f. timide!

_____ 7. Expliquez-moi   g. de mon avis?

STRUCTURE

PREPARATION: Les Temps du verbe (suite)

As noted in the previous section, French offers a variety of tenses. In this section of the chapter, you will become acquainted with the literary equivalents of the **passé composé** and the **plus-que-parfait.** Study this chart, then use this information to describe the sentences in activité 2.

conversational tenses: plus-que-parfait   passé composé

<————————imparfait————————>

literary tenses: passé antérieur   passé simple

<————————imparfait————————>

As indicated in the chart, the literary equivalents for the **plus-que-parfait** and the **passé composé** are the **passé antérieur** and the **passé simple,** respectively. The **passé simple** is used to report action at a particular point in time in the past while the **passé antérieur** reports events and actions that took place prior to that point in time. The **imparfait** is used in description and to report ongoing and habitual action both in conversation and in literary settings.

ACTIVITE 2: Pour chaque phrase identifiez le genre de texte (littéraire, conversationnel); pour chaque verbe décrivez le temps de l'action (terminée, continue, qui précède une autre action, description).

1. Il y avait sous l'Ancien Régime plusieurs garanties contre les abus du pouvoir.

2. Quand le roi eut terminé de parler à l'assemblée, il y eut un grand silence.

3. Oui, la Révolution française a été un grand événement.

4. Pendant que nous discutions la politique, un homme est venu nous adresser la parole.

5. Un homme joua un rôle très important dans les débats: un abbé qui était étroitement lié à la société séculière de son temps.

6. Vous n'avez pas compris les buts *(goals)* de la révolution!

PRATIQUE: Le Passé simple et le passé antérieur

ACTIVITE 3: Pour chaque verbe au passé simple, donnez la forme correspondante au passé composé. Pour chaque verbe au passé antérieur, donnez la forme du verbe au plus-que-parfait.

1. je pensai _____
2. il réfléchit_____
3. nous pensâmes _____
4. elles attendirent _____
5. tu eus _____

6. nous devînmes _____
7. ils furent _____
8. vous fîtes _____
9. nous prîmes _____
10. nous vînmes _____

11. nous eûmes voulu_____
12. il eut parlé_____
13. elles furent allées_____
14. vous fûtes rentrées _____
15. ils eurent attendu _____

ACTIVITE 4: Faites cette activité en plusieurs parties.

A. D'abord, lisez l'article suivant à propos du roi Louis XVI et de Marie-Antoinette. Après avoir lu l'article, écrivez une phrase pour en exprimer l'idée principale.

Le Roi Louis XVI et Marie-Antoinette

Le 10 mai 1774, au château de Versailles, le roi Louis XV agonisa. A trois heures de l'après-midi, il mourut. Dans la chambre voisine, des ministres et nombre de courtisans ne pouvaient pas cacher leur joie malsaine. Selon l'usage, un huissier *(doorman, butler)* vint aussitôt dans le Salon de 'Œil de Bœuf et annonca: «Le Roi est mort!» A peine eut-il prononcé ces mots qu'un bruit semblable à celui du tonnerre se fit entendre: les courtisans abandonnèrent leur défunt maître et se précipitèrent pour aller saluer le nouveau. Si le roi fut mort, la monarchie continua.

A la mort du roi Louis XV, son petit-fils Louis lui succèda sous le nom de Louis XVI. Il n'avait que vingt ans; sa femme n'en avait que 19. Lorsqu'on fut venu annoncer à Louis XVI que son règne commença, le jeune prince et son épouse Marie-Antoinette tombèrent à genoux, et prièrent: «Mon Dieu! Guidez-nous! Protégez-nous, nous régnons trop jeunes!»

Au moment où elle devint reine, Marie-Antoinette savoura sa popularité mais usa du pouvoir absolu qu'elle avait sur son faible mari et obtint tout ce qu'elle voulait. Louis n'était pas vraiment fait pour être monarque. Il eût fait un bon serrurier, un mécanicien de talent ou un excellent marin mais ce fut un roi qui ne sut ni régner ni gouverner.

Vingt ans plus tard, la lune de miel *(honeymoon)* entre le peuple et son roi termina. Le 21 janvier 1793, Louis XVI, condamné à mort, fut exécuté sur l'échafaud. A son tour, Marie-Antoinette mourut le 16 octobre de la même année.

Idée principale: _____

_____

_____

B. Relisez l'article et soulignez les verbes qui sont au passé simple (il y en a 21); récrivez ces verbes au passé composé.

1. _____ 12. _____

2. _____ 13. _____

3. _____ 14. _____

4. _____ 15. _____

5. _____ 16. _____

6. _____ 17. _____

7. _____ 18. _____

8. _____ 19. _____

9. _____ 20. _____

10. _____ 21. _____

11. _____

C. Relisez l'article encore une fois et soulignez les verbes qui sont au passé antérieur (il y en a 5); récrivez ces verbes au plus-que-parfait.

1. _____

2. _____

Chapitre 4
Parler du bon vieux temps

NOM: _____

COURS: _____

DATE: _____

SECTION 1 / *Qu'est-ce qu'ils ont dit?*

FONCTION

ACTIVITE 1: Vous allez entendre huit petits échanges qu'on va lire une fois chacun. Dans chaque échange, une personne va utiliser une expression pour gagner du temps. Si c'est la première personne qui emploie ce genre d'expression, écrivez 1; si c'est la deuxième personne, écrivez 2. Après avoir entendu les petits échanges, rapportez en une ou deux phrases l'idée principale de la conversation.

MODELE: *Vous entendez:* —Tu savais... euh... qu'on parle plusieurs langues différentes en France?

—Non, quelles langues?

Vous écrivez: ____1____

1. _____ 2. _____ 3. _____ 4. _____ 5. _____ 6. _____ 7. _____ 8. _____

L'idée principale:

_____

_____

_____

ACTIVITE 2: Ecoutez la scène, puis faites les activités. On va lire la scène une seule fois; il sera peut-être nécessaire de l'écouter plusieurs fois afin de répondre aux questions.

A. Décrivez la scène.

1. Il s'agit _____ d'une publicité à la radio. _____ des nouvelles à la radio.

    _____ des paroles d'une chanson. _____ d'une conversation.

2. Le langage est _____ formel. _____ familier.

3. Le ton de la scène est _____ léger. _____ poli et respectueux.

    _____ sérieux. _____ familier.

B. Choisissez le meilleur résumé de la scène. Justifiez votre choix.

_____ 1. Au Canada, on sert d'habitude un œuf avec tous les plats, surtout au petit déjeuner et au déjeuner.

_____ 2. Le garçon voulait que le client prenne des œufs.

_____ 3. Il s'agit d'un simple malentendu *(misunderstanding)* où on confond les expressions *pas d'œufs* et *pas deux.*

C. Indiquez si les phrases suivantes sont vraies (V) ou fausses (F).

_____ 1. Le client était au restaurant pour commander un dîner.

_____ 2. Le client avait très faim.

_____ 3. Le client n'a pas demandé de conseils au garçon.

_____ 4. Le garçon lui a conseillé de prendre des œufs parce que c'était la spécialité du jour.

_____ 5. Le client n'aime pas les œufs et il n'en mange jamais.

_____ 6. Le garçon lui a apporté deux œufs avec du jambon.

D. Dans le dialogue, il y a six phrases où on emploie le discours indirect pour rapporter ce qu'une autre personne a dit. Ecoutez le dialogue encore une fois, puis complétez les phrases suivantes avec les mots et les expressions qui manquent.

1. Je _____ ai demandé _____ me conseiller quelque chose.

2. Il _____ je devais prendre des œufs au plat avec du jambon.

3. Je _____ donc _____ je ne voulais pas d'œufs.

4. Mais _____ tu ne voulais pas d'œufs.

5. Exactement. _____ je ne _____ pas d'œufs.

6. Mais lui, il avait _____ «pas deux», alors il m'en a apporté un.

STRUCTURE

PRATIQUE: Le Discours indirect

ACTIVITE 3: Les groupes séparatistes sont en général ceux qui ont des liens avec une autre culture et une autre langue. Les phrases que vous allez entendre traitent de la diversité linguistique en France. Vous allez entendre les phrases deux fois. Indiquez si la phrase emploie un discours direct (D) ou un discours indirect (I).

> MODELE: *Vous entendez:* Le breton est une langue intéressante.
>
> *Vous écrivez:* ___D___
>
> *Vous entendez:* Jean m'affirme que le breton est une langue intéressante.
>
> *Vous écrivez:* ___I___

1. _____ 2. _____ 3. _____ 4. _____ 5. _____ 6. _____ 7. _____ 8. _____

ACTIVITE 4: Vous allez entendre plusieurs phrases. Employez le discours indirect pour raconter la phrase à quelqu'un. Utilisez l'expression donnée. Après chaque phrase, vous allez entendre la réponse correcte.

> MODELE: *Vous entendez:* Il m'a dit: «J'aime bien parler français.»
>
> *Vous dites:* Il m'a dit qu'il aimait bien parler français.
>
> *Vous entendez:* Il m'a dit qu'il aimait bien parler français.

SECTION 2	*Moi, je le trouve très bien*

FONCTION

ACTIVITE 1: Vous allez entendre plusieurs expressions qu'on va lire une seule fois. Indiquez si on emploie ces expressions pour gagner du temps (G), pour rapporter ce que quelqu'un a dit (R) ou bien pour encourager la conversation (E).

> MODELE: *Vous entendez:* Vas-y… dis ce que tu as à dire.
>
> *Vous écrivez:* ___E___

1. _____ 3. _____ 5. _____ 7. _____ 9. _____ 11. _____ 13. _____ 15. _____

2. _____ 4. _____ 6. _____ 8. _____ 10. _____ 12. _____ 14. _____

ACTIVITE 2: Dans cette scène, André et Elise discutent de la Communauté européenne. On va lire le dialogue une seule fois; il sera peut-être nécessaire de l'écouter plusieurs fois afin de répondre aux questions.

A. Décrivez la conversation.

1. Le langage est _____ formel. _____ familier. _____ formel et familier.

2. Le ton de la scène est _____ léger. _____ poli et réservé.

_____ sarcastique. _____ familier.

B. Choisissez le meilleur résumé de la scène. Justifiez votre choix.

1. La France a une longue tradition individualiste qui date du roi Louis XIV.

2. L'esprit d'individualisme est beaucoup plus prononcé chez les Français que chez les Américains.

3. Les Français ne se soumettront jamais au conformisme européen.

C. Ecoutez la scène encore une fois, puis répondez aux questions.

1. Qu'est-ce que c'est que la Communauté européenne?

_____

_____

_____

2. De quoi André a-t-il peur? A votre avis, est-ce qu'il a raison?

_____

_____

3. Est-ce qu'Elise est d'accord? Comment est-ce qu'elle explique ses idées?

_____

_____

4. A qui est-ce qu'elle attribue cet aspect de la vie française?

_____

5. A votre avis, y a-t-il un style plutôt américain? Décrivez-le.

_____

D. Ecoutez la scène, puis cochez les expressions qu'on utilise pour encourager la conversation.

_____ Vas-y...   _____ Tu n'es pas d'accord?

_____ Ne sois pas timide!   _____ Dis ce que tu as à dire!

_____ Mais qu'est-ce que tu en   _____ Tu voulais dire quelque
        penses?   chose?

_____ Explique-moi tout ça.   _____ Tu n'es pas de mon avis?

_____ Comment ça?   _____ Continue!

_____ Qu'est-ce que tu veux   _____ Et tu crois que cela vient de
        dire?   Louis XIV?

_____ Qu'est-ce qu'il t'a dit, au
        juste?

E. Ecoutez la scène encore une fois et complétez les phrases suivantes. Faites attention aux verbes qu'on emploie pour indiquer le rapport entre deux événements au passé.

1. Dès le 17ᵉ siècle, il _____ déjà _____ la culture française.

2. Il _____ déjà _____ un certain panache français; l'esprit qui veut se différencier par le bon mot, par la mode, par ses pensées...

STRUCTURE

PRATIQUE: Les Temps du verbe en français; le plus-que-parfait

ACTIVITE 3: Vous allez entendre quinze phrases. Indiquez si chaque verbe est à l'imparfait (IMP), au passé composé (PC) ou au plus-que-parfait (PQP). On va lire chaque phrase une fois.

MODELE: *Vous entendez:* Il a choisi de voyager en Bretagne.

Vous écrivez: __PC__

1. _____ 3. _____ 5. _____ 7. _____ 9. _____ 11. _____ 13. _____ 15. _____

2. _____ 4. _____ 6. _____ 8. _____ 10. _____ 12. _____ 14. _____

ACTIVITE 4: Dans les phrases que vous allez entendre, il y a deux actions au passé composé. Utilisez le plus-que-parfait et le passé composé pour indiquer l'ordre des deux actions au passé. Ensuite, vous allez entendre la réponse correcte.

MODELE: *Vous entendez:* J'ai terminé mon travail et puis je suis allé(e) au café.

Vous dites: Quand j'avais terminé mon travail, je suis allé(e) au café.

Vous entendez: Quand j'avais terminé mon travail, je suis allé(e) au café.

PHONETIQUE: [e] et [∈]

There are two "e" sounds in French, one associated with the spelling **é** and the other with **è.** The sound **é** is pronounced with the jaws more close together than with **è.**

• Use the sound **é** to pronounce the French letter combinations *ée, es, ai, et,* and the verb endings *er* and *ez.* For example, pronounce the following words with **é:**

parler	été	mes	jouée
jouet	danser	j'ai	

- Use the sound **è** to pronounce the French letters and letter combinations *ê, e, ai, ay, ei*. The sound **è** is pronounced with the jaws more widely spaced.

être	maire	neige
ayons	elle	laide

Notice that the sound **è** is most often followed by a pronounced consonant sound, while **é** usually is found at the end of a syllable or of a word.

ACTIVITE 5: Répétez les mots et les expressions qui suivent.

le siècle	la majorité	assez	l'idée
faire	maire	mère	la démocratie
elles	écrire	préférer	avait

1. Nous avons célébré le bicentenaire de la Révolution française.

2. Quelle est la signification de la Révolution?

3. C'est comme si notre civilisation avait passé d'un stage adolescent à un stage adulte.

4. Olympe de Gouges est celle qui a rédigé la Déclaration des droits de la femme et de la citoyenne.

5. C'est elle qui avait lancé un début de mouvement féministe en France!

SECTION 3 / *On parle de révolution*

FONCTION

ACTIVITE 1: La monarchie a servi comme forme de gouvernement pendant plusieurs siècles. Elle avait donc certains attributs importants et utiles. Aux 18e et 19e siècles la majorité des monarchies ont été renversées, ce qui souligne leur côté négatif. Vous allez entendre des extraits des *Conseils du Roi à son fils*—lettres écrites par Louis XIV, à son fils, le futur Louis XV, et à ses ministres. Ecoutez le passage, puis vérifiez l'idée principale, les détails et les expressions importantes. On va lire le texte une seule fois; il sera peut-être nécessaire de l'écouter plusieurs fois afin de répondre aux questions.

A. Décrivez le passage.

1. Le langage est _____ formel. _____ familier.

2. Le ton du passage est _____ léger. _____ poli. _____ familier. _____ sérieux.

B. Choisissez le meilleur résumé des lettres. Justifiez votre choix.

1. Louis XIV n'aimait pas régner par l'intermédiaire de son premier ministre.

2. Dans ces extraits de lettres il discute la situation du peuple et de son amour pour eux.

3. Le roi n'avait pas de problèmes étant donné qu'il était monarque absolu.

C. Indiquez si les phrases suivantes sont vraies ou fausses.

1. Louis XIV aimait beaucoup son premier ministre Mazarin.

2. D'après le roi, le poste de premier ministre était nécessaire.

3. A la fin de sa vie, Louis XIV a regretté d'avoir fait la guerre.

4. Il recommande à son fils de ne pas faire trop de dépenses.

5. Il lui recommande aussi de ne pas oublier ses obligations envers le peuple.

6. Il dit que c'est de Dieu que vient le pouvoir du monarque.

STRUCTURE

PRATIQUE: Le Passé simple et le passé antérieur

ACTIVITE 2: Vous allez entendre dix phrases au passé simple ou au passé antérieur. Choisissez de la liste ci-dessous la phrase au passé composé ou au plus-que-parfait qui correspond à chaque phrase que vous entendez. Après chaque phrase, vous allez entendre la réponse correcte.

MODELE: *Vous entendez:* Il aima…

Vous cochez: ___X___ Il a aimé… _____ Il avait aimé…

Vous entendez: Il a aimé…

1. _____ Vous avez choisi…   _____ Vous aviez choisi…

2. _____ Elles ont aimé…   _____ Elles avaient aimé…

3. _____ Vous avez attendu…   _____ Vous aviez attendu…

4. _____ Elle a choisi…   _____ Elle avait choisi…

5. _____ J'ai rendu…   _____ J'avais rendu…

6. _____ Nous avons vendu…   _____ Nous avions vendu…

7. _____ Elle est allée…   _____ Elle était allée…

8. _____ Nous avons chanté…   _____ Nous avions chanté…

9. _____ Il a fini…   _____ Il avait fini…

10. _____ Elles sont rentrées…   _____ Elles étaient rentrées…

SCENARIO

Avez-vous déjà entendu parler de la *Déclaration des Droits de l'homme et du citoyen?* C'est un document équivalent au *Bill of Rights* américain. Ce document a été rédigé pendant la Révolution française. Dans la scène, vous allez entendre des amis qui discutent la Révolution française. On va lire la scène une seule fois; il sera peut-être nécessaire de l'écouter plusieurs fois afin de répondre aux questions.

A. Notez ici ce que la Révolution française veut dire pour chaque membre du groupe. N'écrivez pas de phrases complètes; écrivez les mots et les expressions les plus importants.

    1. Pour Marc

    _____

    _____

    2. Pour Jean-Hugues

    _____

    _____

    3. Pour Lucie

    _____

    _____

B. Pour bien vérifier que vous avez compris, indiquez si les phrases suivantes sont vraies ou fausses. Avant d'écouter la cassette une autre fois, relisez ce que vous avez écrit dans la partie A ci-dessus.

    _____ 1. Selon (*according to*) Marc, la Révolution est un concept abstrait.

    _____ 2. Selon Jean-Hugues, la Révolution est comme un rite de passage social collectif.

    _____ 3. Selon Jean-Hugues, notre civilisation a passé d'un stage adolescent à un stage adulte.

    _____ 4. Selon Lucie, l'abolissement de la monarchie est important.

    _____ 5. Selon Lucie, la chose la plus importante est qu'une femme a rédigé la Déclaration des droits de la femme et de la citoyenne en 1791.

    _____ 6. Selon Lucie, Olympe de Gouges a initié le mouvement féministe en France.

C. Ecoutez la scène encore une fois; complétez les phrases avec les mots et les expressions qui manquent en faisant très attention aux temps des verbes.

    1. On _____ facilement que la vie après la Révolution

    _____ difficile, mais ce qu'on

    _____ du tout c'est comment

    elle _____ avant, quand le roi et ses nobles

    _____ droit à tout.

2. Je _____ comment m'exprimer, mais je _____

    _____ que nous _____ un rite de

    passage collectif à cette époque.

3. C'est comme si notre civilisation _____ d'un

    stage adolescent à un stage adulte.

4. C'est elle qui _____ en 1791 un travail

    incomplet.

5. Et surtout c'est elle qui _____ dès le 18e siècle

    un début de mouvement féministe en France!

D. Prenez un rôle dans cette conversation. Ecrivez d'abord deux questions que
    vous aimeriez poser au groupe. Ensuite, répondez aux questions en exprimant
    vos propres opinions.

1. _____

    _____?

    _____

    _____?

2. _____

    _____

    _____

    _____

NOM: _____

COURS: _____

DATE: _____

Chapitre 5
Décrire le caractère

SECTION 1 / *Comment êtes-vous?*

FONCTION

ACTIVITE 1: Comment les Français sont-ils? Y a-t-il des différences de caractère entre les Parisiens et les Provençaux? Les résultats de l'enquête suivante présentent un auto-portrait des Français de diverses provinces. Répondez aux questions suivantes pour décrire leur caractère.

	sympathiques	travailleurs	joyeux	économes	fidèles en amitié	débrouillards
les Auvergnats				X		
les Bretons					X	
les gens du Nord		X			X	
les Lorrains		X				
les Marseillais	X		X			X
les Normands				X		
les Parisiens						X
les Provençaux	X		X			

1. A votre avis, les Français de quelle province sont les plus sympathiques?

   _____

2. Comment sont les gens du Nord?

   _____

3. Que pensez-vous des Marseillais?

   _____

4. Les Auvergnats, comment sont-ils?

   _____

5. Les gens de quelle province sont les meilleurs amis?

   _____

6. Lesquels savent bien résoudre les problèmes?

   _____

ACTIVITE 2: Dans l'activité 1, vous avez analysé les principales qualités des gens de plusieurs régions. Mais avez-vous pensé à leurs défauts? Complétez la conversation suivante; employez une expression différente pour chaque question. A la fin, relisez la conversation afin de dire quels défauts sont les plus communs.

A. Complétez la conversation suivante.

VOTRE AMI(E): Je comprends bien les qualités des gens de plusieurs régions, mais quels sont leurs défauts? Quel défaut était mentionné le plus souvent?

VOUS: Vous voulez savoir quel défaut était mentionné le plus souvent? Vus par eux-mêmes et par les autres, c'était...

VOTRE AMI(E): *(Interrompez quelqu'un)*

_____

VOUS: *(Reprenez la parole, puis dites que tout le monde pense que les Français sont têtus)*

_____

_____

_____

VOTRE AMI(E): *(Interrompez quelqu'un)*

_____

VOUS: *(Reprenez la parole, puis dites que les Français sont renfermés)*

_____

_____

_____

VOTRE AMI(E): *(Interrompez quelqu'un)*

_____

VOUS: *(Reprenez la parole et racontez l'histoire suivante: Une fois, quand j'étais à la gare et je cherchais...)*

_____

_____

_____

VOTRE AMI(E): *(Interrompez quelqu'un)*

_____

VOUS: *(Reprenez la parole et continuez votre histoire: En tout cas, on a dit que les Français sont aussi râleurs* (complainers) *et...)*

_____

_____

_____

VOTRE AMI(E): *(Interrompez encore une fois)*

_____

Vous: (*Reprenez la parole et terminez la conversation en ajoutant qu'ils sont vantards* [boastful])

_____

_____

_____

B. Relisez la conversation et puis dites quels sont les défauts les plus communs.

On dit souvent que les Français sont…

_____ _____

_____ _____

STRUCTURE

PREPARATION: Les Verbes irréguliers comme **mettre** et **prendre**

The irregular verbs **permettre** and **comprendre** are used in the dialogue and the listening passage in sections 1 and 2 of this chapter and are sometimes found in expressions used to interrupt politely, such as:

Si tu **permets,** je veux dire quelque chose…

Alors, si je **comprends** bien,…

Review the conjugations of these irregular verbs.

Mettre   **Prendre**

(admettre, permettre, promettre)   (apprendre, comprendre, reprendre, surprendre)

Je mets	Nous mettons	Je prends	Nous prenons
Tu mets	Vous mettez	Tu prends	Vous prenez
Il/elle/on met	Ils/elles mettent	Il/elle/on prend	Ils/elles prennent
passé composé	J'ai mis	*passé composé*	J'ai pris

ACTIVITE 3: Complétez chaque phrase avec la forme correcte du verbe **mettre, admettre, permettre, promettre, prendre, apprendre, comprendre, reprendre** ou **surprendre.** Vérifiez vos réponses dans l'appendice.

1. Si vous _____, je voulais dire quelque chose.

2. Il n' _____ pas qu'il a tort.

3. Si tu _____ l'accent là, oui, je vois que tu as tout à fait raison.

4. Ils ne me _____ jamais de discuter ce sujet.

5. Je ne _____ pas du tout ce que vous voulez dire.

6. Elles _____ rarement part à des discussions pareilles.

7. Nous _____ votre point de vue.

8. Il _____ le temps de bien préparer sa réponse.

PRATIQUE: Les Pronoms relatifs **qui** et **que**

ACTIVITE 4: Donnez des renseignements à propos du caractère de chaque personne; employez le pronom relatif **qui** ou **que** pour faire une phrase avec chaque paire de phrases suivantes. Attention, la subordonnée se place immédiatement après le nom qu'elle décrit.

MODELE: C'est un homme. Il aime les gens francs et agressifs.

<u>C'est un homme qui aime les gens francs et agressifs.</u>

1. Jean est un drôle de type. Il aime rigoler.

    _____

2. C'est une bonne amie. Elle est patiente et gentille.

    _____

3. Marianne est une collègue. Elle est sérieuse et consciencieuse.

    _____

4. Paul travaille chez Poulmarch. Il a obtenu une promotion sensationnelle.

    _____

5. Louis-Philippe va devenir président d'une grande société un jour. C'est un garçon égoïste mais très imaginatif.

    _____

6. Louise habite à côté de chez nous. Elle a décidé de rester à la maison avec ses enfants au lieu de travailler pour quelqu'un.

    _____

MODELE: Philippe est un chic type. Tout le monde trouve Philippe un peu fou.

<u>Philippe est un chic type que tout le monde trouve un peu fou.</u>

7. Grégoire est un bon ami. Je trouve Grégoire discret et généreux.

    _____

8. Christine est une camarade de classe. On la trouve snob et obstinée.

    _____

9. C'est mon mari, David. Tout le monde trouve David imaginatif et discret.

    _____

10. Sophie travaille comme vendeuse. Les clients trouvent Sophie patiente et sympathique.

    _____

11. Marc a gagné le championnat d'échecs. On trouve Marc intelligent mais vaniteux.

    _____

12. Mon collègue Robert a reçu un nouveau poste sensationnel. On trouve Robert responsable et calme.

    _____

ACTIVITE 5: Complétez les descriptions suivantes avec les pronoms relatifs **qui** ou **que**. Ensuite, indiquez dans la marge si la description est positive (P), neutre (0) ou négative (N).

_____ 1. C'est une femme _____ je trouve aimable mais _____ est un peu timide.

_____ 2. Georges, _____ je n'ai pas vu depuis longtemps, est un homme sincère et honnête. C'est un homme _____ nous aimons bien.

_____ 3. Anne-Claire est une personne _____ aime tous les sports et _____ est la championne de tennis de notre association sportive.

_____ 4. C'est un professeur _____ tout le monde trouve très drôle—un type _____ aime s'amuser en classe.

_____ 5. Jean-Luc est un homme _____ ne prend pas son travail au sérieux, _____ ne va jamais trouver un poste stable _____ paie bien.

_____ 6. C'est un garçon _____ fait des choses _____ je n'aime pas.

| SECTION 2 | *Parlez-moi d'eux...* |

FONCTION

ACTIVITE 1: Donnez le contraire de chaque adjectif ci-dessous.

1. pessimiste ≠ _____
2. silencieuse ≠ _____
3. sérieuse ≠ _____
4. ouverte ≠ _____
5. froide ≠ _____

6. généreuse ≠ _____
7. égoïste ≠ _____
8. dynamique ≠ _____
9. gentille ≠ _____
10. paresseuse ≠ _____

ACTIVITE 2: Dans la conversation suivante, on décrit un Français qui est célèbre partout dans le monde: Jacques Cousteau. Malheureusement, les rôles de la conversation sont mélangés. Choisissez parmi les expressions suivantes pour reconstituer la scène.

Attends!   J'ai une question à poser... Je voudrais demander si...

J'allais dire qu'...   J'ai quelque chose à te demander... Tu connais son
                      bateau?

Suffit!   C'est un homme que je trouve sincère et courageux.

D'accord, mais je disais...   C'est justement ce que je disais.

Comment?

—Il y a un documentaire sur Jacques Cousteau à la télé ce soir.

1. — _____

—Tu as certainement entendu parler de Jacques Cousteau...

2. —Oh, oui... _____ .

C'est un océanographe qui...

3. —_____!

4. —_____ tu savais qu'il s'appelle

Jacques-Yves Cousteau et qu'il est né...

5. —_____ .

6. —_____ il est né en 1910...

7. —_____ . Il est né à Saint-André-de-

Cubzac en 1910 et il est aussi officier de marine et cinéaste français...

8. —_____?

Son bateau s'appelle le *Calypso*. Il effectue des expériences sous la mer.

9. —_____! Tu sais presque autant que moi sur ce sujet!

Alors... le documentaire à la télé ce soir... Ça t'intéresse?

—Non, pas particulièrement. En tout cas, je ne suis pas libre ce soir.

STRUCTURE

PREPARATION: Certains Verbes et expressions suivis par la préposition **de**

Certain verbs and expressions take a preposition before the object. Circle the prepositions in each sentence below.

Je pars sans lui parce que je me méfie de lui.
Nous avons téléphoné à son amie mais elle n'était pas chez elle.
Nous voulons y aller avec elle.

Certain verbs are followed only by the preposition **de**. Study this list. These verbs and others like them will use the relative pronoun **dont** rather than **qui** or **que**.

J'ai besoin de... *(I need)*
J'ai envie de... *(I want to)*
J'ai honte de... *(I am ashamed of)*
J'ai peur de... *(I am afraid of)*
Je me méfie de... *(I am suspicious of)*
Je me rends compte de... *(I realize)*
Je rêve de... *(I dream of)*
Je suis content(e) de... *(I am happy about)*

Je suis sûr(e) de... *(I am sure of)*
Je suis fier (fière) de... *(I am proud of)*
Je suis surpris(e) de... *(I am surprised about)*
Je parle de... *(I talk about)*
Je me souviens de... *(I remember)*
Je fais la connaissance de... *(I get to know)*

ACTIVITE 3: Utilisez les éléments donnés pour faire des phrases complètes. Ensuite, vérifiez vos réponses dans l'appendice.

1. Nous / ne pas avoir peur / les monstres dans les dessins animés.

   _____

2. Vous / être fier / le travail que vous avez fait?

   _____

3. Je / avoir besoin / temps libre parce que je suis toujours trop pressé(e).

   _____

4. Nous / rêver / toute la nuit / nos vacances à Chicoutimi au Canada.

   _____

5. Ils / faire la connaissance / le professeur.

   _____

6. Vous / se souvenir / le voyage en Europe l'été passé.

   _____

PRATIQUE: Les Prépositions et les pronoms relatifs

ACTIVITE 4: Mettez entre les parenthèses le nom d'un collègue, d'une vedette ou d'une personne célèbre. Ensuite, écrivez **qui, que** ou **dont** suivant le sens. N'oubliez pas d'employer une préposition si elle est nécessaire.

   MODELE: C'est bien (___Jean___) ___que___ je connais depuis longtemps.

1. (_____) est un homme _____ tout le monde trouve aimable.

2. C'est (_____) _____ je trouve toujours gentil et drôle.

3. (_____), _____ je n'ai pas vu depuis longtemps, est en ville.

4. Vous voulez dire (_____), _____ travaille dans l'agence de voyage?

5. C'est (_____) _____ te ressemble beaucoup et est toujours pressé?

6. Est-ce (_____) _____ vous parlez tout le temps?

7. C'est (_____) _____ va avoir du succès.

8. Voici (_____) _____ nous avons besoin.

9. Voici (_____) avec _____ nous avons déjeuné.

10. C'est (_____) _____ on parle quand on veut citer un bon exemple.

ACTIVITE 5: Quel caractère et quel genre d'expérience faut-il avoir pour travailler avec des animaux? Il y a un poste au Jardin zoologique de Nantes. Complétez les demandes d'emploi avec les pronoms relatifs **qui, que** ou **dont**.

Cher Monsieur,

Je viens de recevoir l'annonce du poste et m'empresse d'y répondre parce que c'est un poste (1) _____ j'ai très envie. Je crois (2) _____ je suis particulièrement qualifiée pour ce poste. J'ai de bonnes connaissances en sciences naturelles (3) _____ seront très utiles pour le poste de professeur. J'ai un diplôme avancé de l'Université de Lille (4) _____ je suis très fière. Je suis une personne (5) _____ est toujours calme, responsable et imaginative. Je voudrais travailler avec les animaux, (6) _____ j'aime beaucoup et pas avec des personnes avec (7) _____ je ne suis pas très à l'aise.

Veuillez agréer, cher Monsieur, l'expression de mes sentiments distingués.

Sylvie Renaud

Cher Monsieur,

J'ai lu la petite annonce (8) _____ vous avez mise dans le journal. Je voudrais proposer ma candidature pour le poste de professeur au Jardin zoologique de Nantes. Je crois (9) _____ je suis qualifiée car j'ai un diplôme en sciences de l'Université de Besançon. Je cherche un poste (10) _____ va me donner un contact avec la clientèle. Je crois (11) _____ je suis responsable et ambitieuse. J'ai trois ans d'expérience avec les animaux (12) _____, il va sans le dire, je n'ai pas du tout peur.

Veuillez agréer, cher Monsieur, l'expression de mes sentiments les meilleurs.

Claire Martinet

Après avoir bien considéré les demandes d'emploi, quelle candidate choisiriez-vous? Expliquez votre choix en une ou deux phrases.

_____

_____

_____

ACTIVITE 6: Complétez les phrases avec une expression intéressante pour décrire le caractère d'un(e) ami(e), de votre professeur ou d'un personnage célèbre.

Moi, je pense à (1) _____. C'est quelqu'un

(2) _____ je trouve (3) _____ et

_____. C'est (un homme/garçon, une femme/fille)

(4) _____ est (5) _____ et (6) _____

_____ j'aime bien parce qu'il (elle) (7) _____

_____. C'est quelqu'un (8) _____ j'ai besoin

quand (9) _____ et

(10) _____ j'ai envie quand

(11) _____. En somme, c'est une

personne (12) _____ j'aimerais passer beaucoup de temps.

SECTION 3	*Tempéraments divers*

FONCTION

ACTIVITE 1: Savez-vous ce que c'est qu'un *Mad Lib?* C'est un série de phrases composées de mots choisis au hasard qui, quand vous les lisez ensemble, constituent un paragraphe humoristique. Faites-en un maintenant pour décrire le caractère d'un(e) ami(e)... ou même celui de votre professeur.

A. Ecrivez sur chaque ligne un mot ou une expression suivant les indications données.

1. le nom d'un(e) ami(e) ou d'une personne célèbre _____

2. une expression pour vérifier ce que quelqu'un a dit _____

3. relation avec la personne: un(e) ami(e), un(e) collègue,... _____

4. un verbe qui décrit votre préférence suivi d'un objet ou d'un infinitif _____

_____

5. un verbe _____

6. un verbe _____

7. un mot ou une expression pour saluer quelqu'un _____

8. un verbe _____

9. une préposition suivie par un lieu _____

10. une expression pour interrompre quelqu'un _____

11. une expression pour reprendre la parole _____

12. un adjectif qui décrit le tempérament _____

13. un adjectif qui décrit le tempérament _____

14. un verbe _____

B. Complétez le paragraphe avec les mots et les expressions que vous avez choisis dans la partie A. Votre *Mad Lib* est-il amusant? Sérieux? Dans quelle mesure est-il vrai?

VOTRE AMI(E): Tu connais (1) _____, n'est-ce pas?

VOUS: (2) _____ Oui, je le/la connais.

C'est (3) _____ qui

(4) _____ et avec qui je

(5) _____ mais avec qui je ne

(6) _____ pas.

VOTRE AMI(E): A-t-il (elle) une bonne réputation?

VOUS: Oui, c'est quelqu'un qui dit toujours (7) _____

et qui ne (8) _____ quand il (elle) va

(9) _____ .

VOTRE AMI(E): (10) _____.

VOUS: (11) _____. C'est quelqu'un que je

trouve (12) _____ et

(13) _____ dont on parle quand on

(14) _____.

VOTRE AMI(E): Ah bon!

STRUCTURE

PREPARATION: Quelqu'un et quelque chose

When a sentence refers to no specific person or thing, **quelqu'un** or **quelque chose** may take the place of the subject or the object. Note that **quelque chose** may be used to refer to ideas as well as to things.

Note that **quelqu'un** refers to both masculine and feminine subjects.

When **quelqu'un** or **quelque chose** is followed by an adjective, use **de** and a masculine adjective.

> —Qu'est-ce que tu manges?   —**Quelque chose** de sucré.

ACTIVITE 2: Pour chaque phrase, substituez **quelqu'un** ou **quelque chose** pour les mots en italique. Attention: n'oubliez pas d'employer **de** quand un adjectif suit. Vérifiez vos réponses dans l'appendice.

1. Qu'est-ce qu'il a dit? *Il a dit un mot* vulgaire.

   _____

2. Qu'est-ce que tu fais? *Je joue à un jeu* très amusant.

   _____

3. Qui est-ce? *C'est une personne* que je ne connais pas.

   _____

4. Qui vient? *Un homme* distingué.

   _____

5. Qui est Jeanne Latour? *Une jeune femme* qui va réussir dans la vie.

   _____

6. Qu'est-ce que tu manges? *Un saucisson* très salé.

   _____

PRATIQUE: **Ce que, ce qui, ce dont,** préposition + **quoi**

ACTIVITE 3: Employez chaque paire de phrases pour écrire une phrase complète au sujet des héros fictifs.

> MODELE: Je veux vous demander quelque chose.
>
> Qu'est-ce que vous pensez des héros des bandes dessinées?
>
> <u>Je veux vous demander ce que vous pensez des héros des bandes dessinées.</u>

1. Je ne comprends pas quelque chose. Vous avez dit quelque chose au sujet d'Astérix.

   _____

2. Je pensais à quelque chose. Vous avez dit quelque chose à propos de Cyrano.

   _____

3. Dites-moi quelque chose. Il s'est passé quelque chose dans le dernier épisode.

   _____

4. Je veux discuter quelque chose. Vous m'avez parlé de quelque chose.

   _____

5. Vous ne savez pas quelque chose. Il est arrivé quelque chose à Obélix.

   _____

6. J'ai du mal à m'imaginer quelque chose. Vous pensez à quelque chose.

   _____

ACTIVITE 4: Est-ce que tous les personnages de bandes dessinées sont des super-héros ou des super-héroïnes? Lesquels de ces personnages est-ce que vous préférez? Que pensez-vous de leur caractère? Complétez les mini-dialogues suivants pour donner votre opinion sur quelques-un(e)s de vos héros ou héroïnes. Dans la première phrase de chaque mini-dialogue, donnez votre opinion. Complétez la deuxième phrase par **ce qui, ce que, ce dont** ou **ce à quoi**.

   MODELE: *(Donnez votre opinion)* —Moi, j'aime beaucoup _____Astérix_____.

   (Complétez la phrase) —C'est exactement _____ce que_____ je pense.

1. —Je trouve *Peanuts* _____

   —Moi aussi! C'est _____ je disais à Jean il y a deux minutes.

2. —Tu aimes mieux _____

   —_____ m'intéresse, c'est le caractère des super-héros de

   bandes dessinées.

3. —J'aimerais passer le samedi matin à _____

   comme je le faisais quand j'étais jeune.

   —Moi aussi. C'est exactement _____ j'ai envie.

4. —Tu as vu le dernier épisode de _____?

   —Non! Dis-moi _____ s'est passé!

5. —Les vrais héros sont des gens qui _____

   —C'est _____ on m'a toujours dit.

6. —Il n'y a plus de vrais héros dans notre société parce que _____

   _____

   —C'est précisément _____ je pensais.

7. —A mon avis, la vie est devenue trop facile et _____

   _____

   —C'est précisément _____ j'avais peur.

8. —Alors, à mon avis, on doit essayer de devenir _____

   _____

   —Je ne comprends pas du tout _____ vous dites.

Chapitre 5
Décrire le caractère

| SECTION 1 | *Comment êtes-vous?* |

FONCTION

ACTIVITE 1: Vous allez entendre plusieurs petits échanges qu'on va lire deux fois chacun. Indiquez si la deuxième personne exprime une opinion positive (P), négative (N) ou neutre (?) du caractère de la personne dont on parle.

MODELE: *Vous entendez:* —Connais-tu Jean-Philippe?

—Oui. C'est mon camarade de chambre et je l'aime bien.

Vous écrivez: _____P_____

1. _____ 3. _____ 5. _____ 7. _____

2. _____ 4. _____ 6. _____ 8. _____

ACTIVITE 2: Dans ce passage, Elise et Frédéric parlent de leur ami François. Ecoutez le passage, puis faites l'activité qui suit. On va lire le passage une seule fois; il sera peut-être nécessaire de l'écouter plusieurs fois afin de répondre aux questions.

A. Quel langage et quel ton emploie-t-on?

1. Le langage est _____ formel. _____ familier.

2. Le ton de la scène est _____ léger. _____ poli et respectueux.

_____ sérieux. _____ familier.

3. Dans le passage, on décrit le caractère du personnage principal _____

directement, avec des adjectifs. _____ indirectement, par ses actions.

_____ directement et indirectement.

B. Choisissez le meilleur résumé du passage. Justifiez votre choix.

Frédéric a des nouvelles qui montrent que la personne dont il parle…

_____ 1. aime aider les gens et aide tout le monde tout le temps.

_____ 2. va aider quelqu'un qui a besoin d'aide mais qu'il ne connaît pas bien.

_____ 3. ne va pas aider Marie, la petite fille du boucher.

C. Ecoutez le passage encore une fois et puis répondez aux questions suivantes.

1. Comment s'appelle la personne dont on parle dans le passage?

_____

2. Quelle est l'opinion d'Elise de cette personne?

_____

3. Qui est-ce que cette personne propose d'aider?

_____

4. Comment est-ce qu'il propose de l'aider?

_____

5. Pourquoi est-ce qu'il propose de l'aider?

_____

6. A sa place, feriez-vous quelque chose de pareil?

_____

D. Ecoutez la scène encore une fois, puis complétez les phrases.

1. Tu sais que je le trouve très _____, très

_____, mais un peu _____.

2. Il est trop _____, trop _____ et trop

_____.

STRUCTURE

PRATIQUE: Les Pronoms relatifs **qui** et **que**

ACTIVITE 3: Vous allez entendre huit phrases concernant des personnes. On va les lire deux fois chacune. La première fois, indiquez si on utilise le pronom relatif **qui** ou **que**. La deuxième fois, indiquez si l'opinion exprimée est positive ou négative.

> MODELE: *Vous entendez:* C'est un jeune homme que je trouve gentil et aimable.
>
> *Vous écrivez:* ___que___   ___positive___

	qui ou que	positive ou négative		qui ou que	positive ou négative
1.	_____	_____	5.	_____	_____
2.	_____	_____	6.	_____	_____
3.	_____	_____	7.	_____	_____
4.	_____	_____	8.	_____	_____

ACTIVITE 4: Vous allez entendre huit paires de phrases courtes. Mettez ensemble chaque paire de phrases avec le pronom relatif **qui** ou le pronom relatif **que**. Après chaque phrase, vous allez entendre la réponse correcte.

> MODELE: *Vous entendez:* C'est une femme intelligente. Elle va avoir du succès.
>
> *Vous dites:* C'est une femme intelligente qui va avoir du succès.
>
> *Vous entendez:* C'est une femme intelligente qui va avoir du succès.

SECTION 2 / *Parlez-moi d'eux*

FONCTION

ACTIVITE 1: Analysez les expressions et indiquez celles qu'on emploie pour décrire le caractère directement (D) ou pour décrire le caractère indirectement (I) en disant ce qu'une personne fait.

> MODELE: *Vous entendez:* Il est obstiné.
>
> *Vous écrivez:* ___D___

1. _____	3. _____	5. _____	7. _____	9. _____	11. _____
2. _____	4. _____	6. _____	8. _____	10. _____	12. _____

ACTIVITE 2: Vous allez entendre une conversation entre Ophélie et sa cousine Martine. On va lire la conversation une seule fois; il sera peut-être nécessaire de l'écouter plusieurs fois afin de répondre aux questions.

A. Décrivez la conversation.

1. Le langage est _____ formel. _____ familier. _____ formel et familier.

2. Le ton de la scène est _____ léger. _____ poli et réservé. _____ sarcastique. _____ irrité.

3. Dans la scène, on décrit le caractère du personnage principal _____ directement, avec des adjectifs. _____ indirectement, par ses actions. _____ directement et indirectement.

B. Choisissez le meilleur résumé de la scène. Justifiez votre choix.

_____ 1. D'après Ophélie, on ne peut pas compter sur Emile.

_____ 2. D'après Martine, ce qu'Emile a fait est logique parce que c'est la nature humaine.

_____ 3. D'après les deux jeunes filles, Emile ne dit pas la vérité.

C. Ecoutez la scène encore une fois, puis répondez aux questions suivantes. Employez une phrase complète dans votre réponse.

1. Faites un résumé de la scène pour expliquer pourquoi Ophélie est énervée.

_____

_____

_____

2. Croyez-vous que l'explication de Martine soit juste? Pouvez-vous donner d'autres explications?

_____

_____

_____

D. Ecoutez la scène encore une fois, puis dites si les phrases suivantes sont vraies ou fausses.

_____ 1. Ophélie n'est pas contente de ce que fait Emile.

_____ 2. Ophélie est une personne engagée politiquement. Elle fait ce qu'elle considère juste.

_____ 3. Puisqu'Emile travaille pour Renault, il ne s'intéressse pas aux dangers des armes nucléaires.

_____ 4. Martine explique que la réaction d'Emile est normale parce que c'est la nature humaine.

_____ 5. On ne peut pas croire à ce qu'Emile dit. Il promet des choses qu'il ne fait pas.

E. Ecoutez la scène encore une fois, puis cochez les expressions.

1. que Martine emploie pour interrompre son amie.

_____ Si tu permets…   _____ Calme-toi!   _____ Justement, ça explique tout.

_____ Attends!   _____ J'allais dire que…   _____ Dis-moi ce qui s'est passé.

_____ Patience!   _____ Arrête!   _____ Mais tu ne comprends pas?

_____ Ecoute!   _____ De quoi s'agit-il?   _____ Un mot seulement!

2. qu'Ophélie utilise pour reprendre la parole.

_____ Je veux dire que…   _____ Comme je disais, je suis furieuse!

_____ J'allais dire que…   _____ J'aurais voulu demander si…

STRUCTURE

PRATIQUE: Les Prépositions et les pronoms relatifs

ACTIVITE 3: Vous allez entendre dix phrases où on donne des opinions sur Philippe. On va répéter chaque phrase deux fois. Indiquez si on utilise le pronom relatif **qui, que** ou **dont** dans chaque phrase. Après avoir entendu toutes les opinions, écrivez une petite description du caractère de Philippe d'après ce que vous avez appris.

MODELE: *Vous entendez:* C'est un homme que tout le monde aime.

Vous écrivez: _____ que _____

1. _____ 3. _____ 5. _____ 7. _____ 9. _____

2. _____ 4. _____ 6. _____ 8. _____ 10. _____

Petite description du caractère de Philippe: _____

_____

_____

ACTIVITE 4: Vous allez entendre huit paires de phrases. Mettez ensemble chaque paire de phrases avec le pronom relatif **qui, que** ou **dont.** Après chaque phrase, vous allez entendre la réponse correcte.

MODELE: *Vous entendez:* C'est une femme intéressante. Elle travaille avec moi chez Dassault.

Vous dites: C'est une femme intéressante qui travaille avec moi chez Dassault.

Vous entendez: C'est une femme intéressante qui travaille avec moi chez Dassault.

PHONETIQUE: [y] et [u]

The sound [u] in French is very close to the long sound in the English word *fool*. The sound [y], however, does not have any English equivalent. The sound [u] is associated with the written letters **ou,** while the sound [y] is written **u.**

To pronounce the French sound [y], start with the sound [u] (as in *fool*) and then bring the tip of the tongue to the bottom of your lower teeth. It is the forward position of the tongue that differentiates [y] from [u].

ACTIVITE 5: Répétez les mots et les phrases qui suivent. Faites très attention aux voyelles **ou** et **u.**

[u]   pour tour jour four sourd lourd toujours l'amour courtiser toucher nouveau

[y]   plus tu jus fut su lu péninsule le virus le public surhumain la tribu

1. Majestueux, courageux, ombrageux, il est respecté par la tribu.

2. Astérix tire sa force surhumaine du druide.

3. Il y a des choses plus profondes touchant à l'amour et à l'art universel.

4. Mais le cœur est lourd.

5. On vit son amour par procuration.

SECTION 3 / *Tempéraments divers*

FONCTION

ACTIVITE 1: Dans ce chapitre, vous avez beaucoup pensé au caractère et vous avez fait plusieurs activités où vous avez dû penser à l'amitié et au caractère que vous cherchez chez un(e) ami(e). Vous allez entendre un passage tiré du livre *Evidences invisibles* par Raymonde Caroll. Dans ce passage, elle discute les différences entre les mots et les conceptions du *friend* en anglais et de l'*ami(e)* en français. Ecoutez le passage, puis vérifiez l'idée principale, les détails et les expressions importantes. On va lire le texte une seule fois; il sera peut-être nécessaire de l'écouter plusieurs fois afin de répondre aux questions.

A. Décrivez le passage.

1. Le langage employé est _____ formel. _____ familier.

2. Le ton du passage est _____ léger. _____ poli mais amusé.

_____ familier. _____ sérieux.

B. Choisissez le meilleur résumé de la scène. Justifiez votre choix.

_____ 1. La conception de l'amitié n'est pas la même en France et aux Etats-Unis.

_____ 2. L'Américain emploie le mot *friend* en parlant de beaucoup de rapports différents.

_____ 3. En France et aux Etats-Unis, les amis s'entraident mais le concept d'entraide est différent dans les deux pays.

C. Indiquez si les phrases suivantes sont vraies ou fausses d'après Raymonde Caroll.

_____ 1. Au premier abord, les conceptions américaine et française de l'amitié semblent identiques.

_____ 2. Le mot *friend* est utilisé de la même façon que le mot *ami* en français.

_____ 3. En anglais, a *friend* pourrait être quelqu'un qu'on connaît assez peu.

_____ 4. En français, un(e) ami(e) pourrait être quelqu'un qu'on connaît peu.

_____ 5. L'Américain pourrait choisir parmi un grand nombre de mots pour expliquer les différences entre *friend* et d'autres termes, mais d'habitude on ne le fait pas.

_____ 6. Au fond, la conception de l'amitié n'est pas très différente pour les Américains et les Français; c'est-à-dire que dans les deux pays, «les amis s'entraident».

_____ 7. La proposition «X est mon ami, donc il va proposer de m'aider» représente le côté français de la conception de l'amitié.

_____ 8. La proposition «X est mon ami, il va donc demander de l'aide s'il a besoin de moi» représente le côté français de la conception de l'amitié.

D. Ecoutez le passage encore une fois, puis expliquez en deux ou trois phrases si vous êtes d'accord ou pas avec le concept de l'amitié proposé par Raymonde Caroll.

_____

_____

_____

_____

STRUCTURE

PRATIQUE: Ce que, ce qui, ce dont, préposition + quoi

ACTIVITE 2: Ecoutez cette nouvelle version du passage de l'activité 1 et complétez-la avec les mots qui manquent.

Au delà de cette fausse différence de surface, la conception de l'amitié, telle qu'elle est définie des deux côtés de l'Atlantique, recouvre des catégories étrangement semblables, sinon identiques. L'amitié est (1) _____ me donne confiance envers quelqu'un, (2) _____ me permet de l'aimer comme un frère ou une sœur. Je sais (3) _____ pense mon ami(e) et (4) _____ le (la) rend heureux (-euse). Notre amitié est (5) _____ nous permet d'être nous-mêmes et de laisser tomber le masque. C'est aussi (6) _____ lui permet de m'accepter comme je suis. Mon ami(e) est la personne pour qui je suis tout (7) _____ précède.

ACTIVITE 3: Vous allez entendre neuf phrases où on a éliminé les expressions **ce qui, ce que** et **ce dont**. Répétez chaque phrase et insérez **ce qui, ce que** ou **ce dont**. Ensuite, vous allez entendre la réponse correcte. Les neuf phrases font partie d'une conversation. Après avoir écouté les phrases, écrivez un résumé de la conversation.

> MODELE: *Vous entendez:* Voilà… *(bell)* j'ai fait pour aider Jean ce matin.
>
> *Vous dites:* Voilà ce que j'ai fait pour aider Jean ce matin.
>
> *Vous entendez:* Voilà ce que j'ai fait pour aider Jean ce matin.

Maintenant, arrêtez la cassette et écrivez un résumé de la conversation. Décrivez le caractère de chaque personne qui parle.

_____

_____

_____

_____

SCENARIO

Vous allez entendre une lettre écrite par La Fayette à sa femme quatre mois après son arrivée en Amérique. Dans la lettre, La Fayette décrit le caractère et les manières des gens qu'il vient de rencontrer. Il raconte à sa femme ses premières impressions. Ecoutez bien cet extrait de la lettre, puis faites les activités. Sur la cassette, on va le lire une seule fois; il sera peut-être nécessaire de l'écouter plusieurs fois afin de répondre aux questions.

A. Ecoutez le passage. Tout en écoutant, notez les détails suivants afin de répondre aux questions dans la partie B.

1. Décrivez la lettre. Où l'a-t-il écrite? _____

   Quand l'a-t-il écrite? _____

   A qui l'a-t-il écrite? _____

2. Décrivez directement (employez une liste d'adjectifs) l'apparence des habitants, surtout les femmes américaines.

   _____

   _____

3. Décrivez directement (employez une liste d'adjectifs) ou indirectement (décrivez ce qu'ils font; leurs actions) le caractère des habitants.

   _____

   _____

B. Pour bien vérifier ce que vous avez compris, indiquez si les phrases suivantes sont vraies ou fausses. Révisez ce que vous avez écrit dans la partie A et répondez aux questions.

_____ 1. La Fayette trouve que les Américains sont aimables et gentils.

_____ 2. Il observe que les Américains aiment leur patrie et la liberté mais que l'égalité entre les gens n'existe pas.

_____ 3. Il trouve de grandes différences entre l'homme le plus riche et le plus pauvre.

_____ 4. Il pense que la vie en Amérique ressemble assez à la vie anglaise, excepté qu'il y a plus de simplicité chez les Américains qu'en Angleterre.

_____ 5. La Fayette écrit à sa femme que la ville de Charlestown est une des plus jolies.

_____ 6. Il a une bonne opinion des femmes américaines.

_____ 7. Puisque tout le monde vit de la même manière, il n'y a ni pauvres ni paysans.

_____ 8. Il trouve triste que tout le monde n'ait pas les mêmes droits que le plus puissant propriétaire du pays.

C. Prenez le rôle de la femme de La Fayette. A la première ligne, écrivez deux questions que vous aimeriez lui poser dans votre prochaine lettre. Ensuite, répondez aux questions d'après ce que La Fayette aurait probablement dit.

1. _____?

_____

2. _____?

_____

Chapitre 6
Parler de politique

| SECTION 1 | *Ce que j'allais dire* |

FONCTION

ACTIVITE 1: Voici des expressions qu'on utilise pour interrompre et pour reprendre la parole. Complétez chaque expression avec les mots qui manquent.

1. _____-moi finir.

2. Attendez _____.

3. Je _____ terminé.

4. Je reviens _____ je disais...

5. Pour _____ ce que je disais...

6. C'est exactement ce que _____.

7. S'il vous _____.

8. Mais je veux te _____.

ACTIVITE 2: Dans cette scène, vous racontez des nouvelles sensationnelles à un(e) ami(e). Suivez le schéma de la conversation pour compléter la scène. A la fin, donnez un résumé des nouvelles en une ou deux phrases.

A = Attirer l'attention de votre partenaire.
I = Indiquer son intérêt.

IN = Interrompre.
R = Reprendre la parole.

Vous: (A) _____

Votre ami(e): (I) _____

Vous: J'écoutais la radio hier soir, une chose que je fais très rarement d'ailleurs,

Votre ami(e): (IN) _____

Vous: (R) _____
on annonçait les noms des gens qui avaient gagné un voyage à Tahiti...

Votre ami(e): (IN) _____

Vous: (R) _____
C'était un voyage de deux semaines pour deux personnes...

Votre ami(e): (IN) _____

Vous: (R) _____

Tout à coup, j'ai entendu mon nom. Je ne pouvais pas croire mes oreilles!

Votre ami(e): (IN) _____

Vous: (R) _____

Alors, j'ai téléphoné tout de suite et j'ai réclamé mon prix.

Votre ami(e): (I) _____

Résumé des nouvelles:

_____

_____

_____

STRUCTURE

PREPARATION: Les Verbes pronominaux

Reflexive verbs are used to report and describe actions that reflect back to the subject; that is, the actions are done by the subject to him- or herself. The reflexive pronoun agrees with the subject of the sentence, and the pronoun and the subject always refer to the same person or group of people. Study the following verb forms.

se réveiller *(to wake up)*	**se détendre** *(to relax)*
je me réveille	je me détends
tu te réveilles	tu te détends
il/elle/on se réveille	il/elle/on se détend
nous nous réveillons	nous nous détendons
vous vous réveillez	vous vous détendez
ils/elles se réveillent	ils/elles se détendent

ACTIVITE 3: Donnez la forme correcte de chaque verbe. Ensuite, vérifiez vos réponses dans l'appendice.

1. se laver: tu _____
2. se peigner: nous _____
3. se maquiller: vous _____
4. se détendre: il _____
5. se préparer: ils _____
6. se lever: tu _____
7. s'habiller: je _____
8. se raser: vous _____
9. se coucher: tu _____
10. se regarder: il _____

PRATIQUE: Les Verbes pronominaux

ACTIVITE 4: La routine quotidienne est à la fois rassurante et énervante. Décrivez la routine des gens dans les dessins suivants. Utilisez des verbes pronominaux pour décrire ce qu'on fait dans chaque dessin.

1. Il _____

2. Elle _____

3. Le petit Luc _____

4. Ils _____

5. Et vous? Est-ce que vous vous énervez le matin? _____

   _____

6. Un garçon _____

7. L'autre _____

8. Le troisième _____

9. Tous ensemble, ils _____

10. Et vous? Est-ce que vous vous détendez après le cours? _____

   _____

ACTIVITE 5: Que faites-vous tous les jours? Ecrivez des phrases pour décrire votre routine quotidienne.

MODELE: se lever (Vers quelle heure?)

Mes amis et moi, nous nous levons vers 9 heures et demie parce que nous avons cours à 10 heures.

1. s'habiller (De quelle manière?)

   _____

   _____

2. se trouver à l'université ou au travail (Quand?)

   _____

   _____

3. se rendre chez vous (Comment? Pendant la journée? Vers quelle heure? Pour quel[s] repas?)

   _____

   _____

4. se reposer le soir (Qu'est-ce que vous faites? Quelles activités?)

   _____

   _____

5. s'intéresser à quel(s) genre(s) de sports (Lesquels? Pourquoi?)

   _____

   _____

6. se détendre le week-end (Comment?)

   _____

   _____

7. s'énverver (Quand? Pourquoi?)

   _____

   _____

8. se débrouiller (Quand? Pourquoi?)

   _____

   _____

ACTIVITE 6: Comment réagissez-vous aux petites tracasseries *(annoyances)* de la vie? Au petits plaisirs? Complétez chaque proposition avec une description de ce que vous aimez, de ce qui vous dérange et de ce que vous faites.

Ce que j'aime

1. Je _____ (s'amuser) à _____.

2. Je _____ (s'intéresser) à _____.

3. Je _____ (s'entendre) bien avec _____.

4. Mes ami(e)s et moi, nous _____ (se rencontrer) à (pour/chez) _____.

Ce qui me dérange

5. Je _____ (s'inquiéter) quand _____.

6. Mes ami(e)s et moi, nous _____ (se plaindre) quand _____.

7. Nous _____ (s'ennuyer) quand _____.

8. Je _____ (se méfier) de _____.

Ce que je fais avec mes amis

9. Nous _____ (se fréquenter) pour _____.

10. Nous _____ (se parler) de _____.

11. Nous _____ (se téléphoner) pour dire _____.

12. Nous _____ (se revoir) toujours _____.

SECTION 2 / *Si je comprends bien, vous voulez dire que...*

FONCTION

ACTIVITE 1: Dans cette section du chapitre, vous apprenez à vérifier ce que quelqu'un a dit. Pour commencer cette activité, lisez les déclarations ci-dessous. Puis, lisez les vérifications et soulignez dans chaque phrase l'expression qu'on utilise pour vérifier ce que quelqu'un a dit. Pour finir, mettez ensemble chaque déclaration avec la vérification correspondante.

Déclarations

A. A mon avis, il n'y aura plus de guerres parce qu'elles sont devenues trop dangereuses.

B. L'Europe a changé d'une façon fondamentale.

C. La nature humaine n'est pas facile à changer.

D. L'instabilité est fondamentale.

E. Je crois que la guerre est inévitable.

Vérifications

_____ 1. Tu veux dire qu'elle représente des centaines ou des milliers d'années de culture et d'évolution humaine.

_____ 2. Ah! Je vois ce que tu veux dire. A cause des armes nucléaires, on doit apprendre à résoudre ses disputes sans employer la force des armes.

_____ 3. Vous voulez dire qu'il y aura toujours des gens qui sont disposés à se battre pour obtenir ce qu'ils veulent.

_____ 4. Si je comprends ce que tu dis, c'est qu'il faut toujours tenir compte des différences culturelles entre les pays.

_____ 5. Oui, vous dites qu'on passe par une période pleine de promesses.

ACTIVITE 2: Dans les petites scènes ci-dessous, la première personne donne son opinion sur la politique en Europe et la deuxième personne doit vérifier ce qu'elle a dit. Complétez chaque scène avec une expression différente de vérification et reprenez ce que la première personne a dit. Utilisez vos propres mots.

MODELE: Les douaniers vont se mettre au chômage.

(Vérifiez) _Si je vous comprends bien,_

(Reprenez ce qu'on a dit) _vous dites que les douaniers ne vont pas avoir assez de travail._

1. Les citoyens ne devront plus avoir de passeport pour passer les frontières des pays d'Europe.

   _____

   _____

2. La frontière entre la France et l'Espagne ne va pas cesser d'exister mais on pourra la traverser très facilement.

   _____

   _____

3. Il sera beaucoup plus facile de voyager d'un pays à l'autre.

   _____

   _____

4. On pourra considérer l'Europe comme un seul pays du point de vue géographique et économique.

   _____

   _____

5. Il y aura moins de barrières économiques et pas de barrières géographiques.

   _____

   _____

STRUCTURE

PREPARATION: L'Impératif

The imperative mood is used to make suggestions and to give commands. In addition, imperatives like **Attends! Attendez! Finis!** and **Finissez!** are used to interrupt or to take back the floor. The imperative exists in only three forms **(tu, nous, vous)**. These forms are very similar to the present tense for regular **-er, -ir,** and **-re** verbs. Note, however, that the final **s** is dropped from the **tu** form of **-er** verbs, including **aller.** Study the following examples.

penser	attendre	finir
Pense!	Attends!	Finis!
Pensons!	Attendons!	Finissons!
Pensez!	Attendez!	Finissez!

Most irregular verbs also use the **tu, nous,** and **vous** forms of the present for the imperative: for example **faire (Fais... , Faisons... , Faites...)** and **comprendre (Comprends! Comprenons! Comprenez!).** However, there are few irregular forms in the imperative. These include **avoir, être,** and **savoir.**

avoir	être	savoir
Aie... !	Sois... !	Sache... !
Ayons... !	Soyons... !	Sachons... !
Ayez... !	Soyez... !	Sachez... !

ACTIVITE 3: Donnez la forme correcte de chaque verbe à l'impératif, ensuite vérifiez vos réponses dans l'appendice.

Verbes réguliers

1. tu / voyager_____
2. tu / finir _____
3. nous / attendre _____

4. nous / aller _____
5. vous / partir _____
6. vous / descendre _____

Verbes irréguliers

7. tu / avoir _____
8. nous / faire _____
9. vous / être _____
10. tu / venir _____
11. nous / lire _____

12. vous / dormir _____
13. tu / courir _____
14. nous / prendre _____
15. vous / dire _____

PRATIQUE: L'Impératif des verbes pronominaux

ACTIVITE 4: Un(e) ami(e) américain(e) voudrait travailler en France pendant l'été. Il (elle) doit obtenir un permis de travail, ce qui n'est pas facile à faire à cause de la bureaucratie française. Dites-lui ce qu'il faut faire pour ne pas se fâcher. Suivez le modèle.

MODELE: ne pas se dépêcher   Ne te dépêche pas!

1. se lever de bonne heure _____

2. se rendre à la mairie _____

3. apporter quelque chose à lire _____

4. ne pas s'impatienter _____

5. ne pas se plaindre _____

6. ne pas s'ennuyer _____

7. parler gentiment _____

8. se débrouiller _____

9. bien expliquer ce qu'on veut _____

10. ne pas s'énerver _____

ACTIVITE 5: Aux Etats-Unis, il n'est pas toujours poli de discuter de la politique. Dans certaines situations, c'est presque interdit. Les Français discutent de la politique beaucoup plus souvent et d'une façon plus ouverte et plus animée, ce qui surprend souvent les Américains. Imaginez-vous dans un café en France où on parle de politique. Voici des conseils que vous trouverez importants. Utilisez chaque expression pour faire une phrase.

MODELE: se souvenir qu'on discute la politique plus souvent en France

Souvenez-vous qu'on discute la politique plus souvent en France.

1. ne pas s'inquiéter si on vous demande votre opinion

_____

2. s'habituer aux discussions sérieuses et animées

_____

3. ne pas se soucier de dire ce que vous pensez

_____

4. ne pas se taire

_____

5. ne pas se moquer des idées de vos camarades

_____

6. ne pas se plaindre qu'on parle souvent de politique. C'est ce qu'on fait en France!

_____

ACTIVITE 6: Napoléon rêvait d'une Europe unie—d'une union par les armes. Que dirait-il des projets de la Communauté européenne? Pensez à Napoléon et faites deux phrases avec les verbes qui suivent. Dans la première phrase, utilisez un verbe à l'impératif affirmatif; dans la deuxième phrase, utilisez un verbe à l'impératif négatif.

MODELE: se souvenir de

Souvenez-vous de ce que j'ai fait pour réunir les pays européens.

Ne vous souvenez pas du grand nombre de guerres.

1. s'arrêter de

   _____

   _____

2. se fâcher contre

   _____

   _____

3. s'inquiéter de (que)

   _____

   _____

4. se méfier de (que)

   _____

   _____

5. se rendre compte que

   _____

   _____

6. se souvenir de (que)

   _____

   _____

FONCTION

ACTIVITE 1: La nouvelle collaboration entre les pays européens offre des possibilités intéressantes et quelquefois amusantes. Imaginez que les Allemands, les Français et les Anglais travaillaient ensemble pour inventer un robot cuisinier *(chef, cook)*: les Allemands seraient responsables de la robotique, les Français seraient responsables des recettes et les Anglais les achèteraient! Annoncez cette nouvelle invention, ou d'autres nouvelles internationales de votre choix. Suivez le schéma de conversation pour compléter la scène.

VOUS: (*Annoncer la nouvelle*)

_____

VOTRE AMI(E): (*Demander d'avantage de renseignements*)

_____

VOUS: (*Donner d'avantage de renseignements*)

_____

_____

VOTRE AMI(E): (*Interrompre*)

_____

VOUS: (*Reprendre la parole et donner davantage de renseignements*)

_____

_____

VOTRE AMI(E): (*Indiquer son intérêt et encourager la conversation*)

_____

VOUS: (*Donner davantage de renseignements et terminer la conversation*)

_____

_____

STRUCTURE

PREPARATION: La Formation des verbes pronominaux au passé composé

The **passé composé** of pronominal verbs is formed using the auxiliary verb **être** and the past participle. Remember that the past participle agrees with a direct object that precedes the auxiliary verb. In many instances, the preceding direct object is the reflexive pronoun. Study these examples, paying particular attention to the agreement between the direct object and the past participle.

Se laver	Se laver les cheveux
Je me suis lavé(e)	Je me suis lavé les cheveux.
Tu t'es lavé(e).	Tu t'es lavé les cheveux.
Il s'est lavé.	Il s'est lavé les cheveux.
Elle s'est lavée.	Elle s'est lavé les cheveux.
Nous nous sommes lavé(e)s.	Nous nous sommes lavé les cheveux.
Vous vous êtes lavé(e)(s).	Vous vous êtes lavé les cheveux.
Ils se sont lavés.	Ils se sont lavé les cheveux.
Elles se sont lavées.	Elles se sont lavé les cheveux.

ACTIVITE 2: Ecrivez la forme correcte au passé composé. Faites très attention aux accords. Ensuite, vérifiez vos réponses dans l'appendice.

1. se lever: tu _____

2. se laver le visage: tu _____

3. se peigner les cheveux: nous _____

4. se détendre: nous _____

5. se maquiller: vous _____

6. se débrouiller: vous _____

7. s'inquiéter: elle _____

8. se regarder: tu _____

9. se préparer le déjeuner: ils _____

10. se préparer: elles _____

PRATIQUE: Les Verbes pronominaux au passé composé

ACTIVITE 3: Que savez-vous des contributions de Napoléon à la société contemporaine en France? Sans doute, il était un grand stratégiste militaire. Voici une description d'autres choses qu'il a faites. Complétez le paragraphe au passé composé. Ensuite, relisez le paragraphe et répondez aux questions qui suivent.

Napoléon (1. s'inquiéter) _____ de la condition humaine

en France et il (2. s'intéresser) _____ beaucoup aux

systèmes sociaux. Il (3. s'occuper) _____ à instaurer le

système métrique comme le seul système de mesures et à établir le système

d'administration préfectorale. En plus, il (4. se spécialiser) _____

_____ en systèmes judiciaires et il (5. se demander)

_____ pourquoi il n'y avait pas de systèmes judiciaires

uniformes en France. Alors, il a établi le Code civil (les lois réglant la vie

quotidienne), le Code de commerce (les lois réglant le commerce et l'industrie) et

le Code d'instruction criminelle et le Code pénal. Napoléon

(6. se rendre compte) _____que l'éducation était d'une

importance capitale et il (7. se plaindre) _____ qu'il n'y

avait pas de lycées. Il (8. se servir) _____ de son

influence considérable pour instaurer le système de lycées pour les garçons et pour

établir le système de maisons d'éducation pour les filles.

A. Quelles sont les contributions que Napoléon a faites à la société française?

_____

_____

_____

B. D'après vous, lesquelles sont les plus importantes? Pourquoi?_____

_____

_____

_____

ACTIVITE 4: Lisez la liste de propositions, puis complétez chaque commencement de phrase selon vos propres idées pour donner le résumé d'une histoire intéressante.

1. Une fois / mes ami(e)s et moi, nous / se téléphoner pour

_____

2. Nous / se demander pourquoi ne pas

_____

3. Nous / s'amuser à

_____

4. Nous / se rendre compte que nous pourrions

_____

5. Nous / se dépêcher de

_____

6. Nos parents / s'inquiéter parce que

_____

7. Ils / se fâcher quand

_____

8. Nous / ne pas s'entendre bien avec eux parce que

_____

A L'ECOUTE

Chapitre 6
Parler de politique

SECTION 1 / *Ce que j'allais dire*

FONCTION

ACTIVITE 1: On emploie les phrases que vous allez entendre pour interrompre quelqu'un. Indiquez si on pourrait utiliser chaque expression dans une situation formelle (FOR), familière (FAM) ou les deux (2).

> MODELE: *Vous entendez:* C'est ce que j'allais dire.
>
> *Vous écrivez:* ___2___

1. _____ 2. _____ 3. _____ 4. _____ 5. _____ 6. _____ 7. _____ 8. _____

ACTIVITE 2: Dans la conversation que vous allez entendre, on parle du caractère français. Ecoutez la conversation, puis identifiez l'idée principale du passage et vérifiez les détails et les expressions. On va lire la conversation une fois; il sera peut-être nécessaire de l'écouter plusieurs fois afin de répondre aux questions.

A. De quoi s'agit-il?

    1. Le langage est _____ formel. _____ familier.

    2. Le ton de la scène est _____ léger. _____ poli et respectueux.

    _____ sérieux. _____ familier.

B. Choisissez le(s) meilleur(s) résumé(s) de la conversation.

    _____ 1. La nature humaine n'est pas facile à comprendre.

    _____ 2. Les Français ne sont pas logiques.

    _____ 3. Le côté pragmatique et le côté théorique de la personnalité ne peuvent pas coexister.

C. Ecoutez la scène encore une fois, puis cochez les expressions employées pour interrompre et pour reprendre la parole.

_____ 1. Attendez un instant.

_____ 2. Je reviens à ce que je disais...

_____ 3. C'est ce que j'allais dire.

_____ 4. Mais je veux vous dire quelque chose.

_____ 5. Je n'ai pas terminé.

_____ 6. Dites-moi!

_____ 7. Laissez-moi finir.

_____ 8. Pour terminer ce que je disais...

_____ 9. Attendez un peu!

_____ 10. S'il vous plaît...

STRUCTURE

PRATIQUE: Les Verbes pronominaux

ACTIVITE 3: Vous allez entendre une liste de phrases. Indiquez si le verbe dans chaque phrase est un verbe pronominal (Oui) ou pas (Non). On va lire chaque phrase une fois.

MODELE: *Vous entendez:* Il se réveille.

Vous écrivez: ___Oui___

1. _____ 3. _____ 5. _____ 7. _____ 9. _____ 11. _____

2. _____ 4. _____ 6. _____ 8. _____ 10. _____ 12. _____

ACTIVITE 4: Vous allez entendre un infinitif et un pronom. Conjuguez le verbe en utilisant le pronom que vous entendez, d'après le modèle. Ensuite, vous allez entendre la réponse correcte suivie d'un pronom. Conjuguez le verbe encore une fois en utilisant ce pronom. Enfin, vous allez entendre la réponse correcte.

MODELE: *Vous entendez:* se lever de bonne heure, tu

Vous dites: Tu te lèves de bonne heure.

Vous entendez: Tu te lèves de bonne heure. Et nous?

Vous dites: Nous nous levons de bonne heure.

Vous entendez: Nous nous levons de bonne heure.

SECTION 2 / *Si je comprends bien, vous voulez dire que…*

FONCTION

ACTIVITE 1: Vous allez entendre dix expressions qu'on va lire une fois. Indiquez si on utilise chaque expression pour vérifier ce que quelqu'un a dit (V) ou pour répéter ce que vous avez dit (R).

> MODELE: *Vous écoutez:* Si je comprends bien, vous dites que…
>
> *Vous écrivez:* ____V____

1. _____ 3. _____ 5. _____ 7. _____ 9. _____

2. _____ 4. _____ 6. _____ 8. _____ 10. _____

ACTIVITE 2: Vous allez entendre une conversation entre Pauline et Edouard. Ils discutent l'idée d'une frontière et le rôle de la douane dans la Communauté européenne. On va lire le dialogue une seule fois; il sera peut-être nécessaire de l'écouter plusieurs fois afin de répondre aux questions.

A. Décrivez la conversation.

1. Le langage est _____ formel. _____ familier. _____ formel et familier.

2. Le ton de la scène est _____ léger. _____ poli et réservé. _____ sarcastique. _____ familier.

B. Choisissez le(s) meilleur(s) résumé(s) de la scène.

_____ 1. Edouard ne comprend pas la différence entre les barrières géographiques et les barrières économiques.

_____ 2. Edouard ne comprend pas ce que Pauline dit en ce qui concerne le marché économique.

_____ 3. Edouard pense qu'on va éliminer les frontières entre les pays d'Europe.

C. Ecoutez la scène encore une fois, puis mettez ensemble les mots et les définitions.

_____ a. la douane

_____ b. supprimer

_____ c. la frontière

_____ d. le chômage

_____ e. un citoyen

_____ f. un marché

_____ g. la Communauté européenne

1. Un individu, membre d'un état.

2. L'ensemble de la production, de l'échange et de la consommation.

3. L'administration qui se charge des règlements concernant les frontières.

4. Pays formant un marché intégré.

5. Faire disparaître.

6. Une période d'inactivité pour un travailleur.

7. La séparation politique entre deux états.

D. Répondez aux questions pour vérifier votre compréhension.

1. Est-ce que les deux personnes sont d'accord au commencement de la conversation? A la fin?

_____

2. Selon Pauline, la douane a une fonction géographique et une fonction économique. Expliquez ces fonctions.

_____

_____

3. De nos jours, qui peut passer par la douane française sans montrer de passeport?

_____

_____

4. Quels seraient les bénéfices d'une communauté sans barrières politiques et économiques?

_____

_____

5. Vous êtes-vous déjà présenté(e) à la douane? Où? Quand? Qu'est-ce qui est arrivé?

_____

_____

E. Ecoutez la scène encore une fois. Complétez les phrases ci-dessous avec les expressions qu'on utilise dans la scène pour répéter ce qu'on a dit ou pour vérifier ce qu'on a déjà dit.

1. _____ pour l'Europe le concept de la douane va disparaître.

2. _____ les douanes ne vont pas continuer à exister?

3. _____ il n'y aura plus de Français?

4. Pas du tout! _____ ...

5. _____ tous les douaniers vont faire du chômage!

6. _____ les douaniers n'auront pas de fonction officielle.

7. _____ , la frontière entre la France et l'Espagne va disparaître et l'Espagne et la France vont se mélanger...

8. _____ c'est que les frontières vont continuer à exister.

STRUCTURE

PRATIQUE: L'Impératif des verbes pronominaux

ACTIVITE 3: Vous allez entendre une série de phrases, deux fois chacune. La première fois, indiquez si la phrase est affirmative (A) ou négative (N). La deuxième fois, indiquez si le verbe est pronominal (P) ou non pronominal (NP).

MODELE: *Vous entendez:* Ne te dépêche pas.

Vous écrivez: ___N___

Vous entendez: Ne te dépêche pas.

Vous écrivez: ___P___

1. _____ 3. _____ 5. _____ 7. _____ 9. _____

2. _____ 4. _____ 6. _____ 8. _____ 10. _____

ACTIVITE 4: Vous allez entendre une phrase à l'impératif. Si la phrase est à l'affirmatif, transformez-la au négatif. Si elle est au négatif, transformez-la à l'affirmatif, d'après le modèle. Après chaque phrase, vous allez entendre la réponse correcte.

MODELE: *Vous entendez:* Lève-toi.

Vous dites: Ne te lève pas.

Vous entendez: Ne te lève pas.

PHONETIQUE: [o] et [ø]

The French sounds [o] and [ø] have English equivalents.

- The French sound [o] is similar to the vowel sound in the English word *moat.* The French spellings most often associated with this sound are **eau, o, au, ô.** Note that there is a variant of this sound which is pronounced with a more open articulation. The open form is used when a consonant is pronounced following the sound.

- The French sound [ø] is similar to the first vowel sound in the English word *further*. The French spelling most often associated with this sound is **eu.** This sound also has a variant that is pronounced with a more open articulation. The open form is used when a consonant is pronounced following the sound.

ACTIVITE 5: Répétez les mots et les phrases qui suivent.

[o]:	l'eau, journaux, poli, les mots, nouveau, le robot, l'auto, le côté
open [o] variant:	l'or, les ports, la mort, j'ai tort
[ø]:	européen, Europe, c'est peu, le jeu, le feu, il pleut
open ø variant:	l'heure, j'ai peur, les défenseurs, le travailleur, ils veulent, conservateur

1. Ils sont les défenseurs de l'héritage et les travailleurs dans les usines.

2. Ils sont contre les robots, contre la société de consommation, mais ils veulent l'auto.

3. Ils sont très conservateurs. C'est mon hypothèse.

4. J'ai peur qu'il n'ait tort.

SECTION 3 / *Je résume*

FONCTION

ACTIVITE 1: Vous allez entendre un passage au sujet de la Communauté économique européenne. Ecoutez-le, puis vérifiez l'idée principale, les détails et les expressions importantes. On va lire le texte une seule fois; il sera peut-être nécessaire de l'écouter plusieurs fois afin de répondre aux questions.

A. Décrivez le passage.

1. Le langage employé est _____ formel. _____ familier.

2. Le ton du passage est _____ léger. _____ poli mais amusé.

_____ familier. _____ sérieux.

B. Choisissez le meilleur résumé du passage.

_____ 1. Le passage explique l'histoire de la Communauté économique européenne.

_____ 2. Le passage explique les règlements de douane de plusieurs pays européens.

_____ 3. Le passage identifie plusieurs obstacles à la création d'une communauté économique.

C. D'après le passage, quels pays appartiennent à la communauté? Donnez la date d'entrée pour chaque pays.

Pays	**Date d'entrée**	**Pays**	**Date d'entrée**

D. Indiquez si les phrases suivantes sont vraies ou fausses.

_____ 1. Six pays ont fondé la communauté en 1987.

_____ 2. Les traités de Rome ont institué la Communauté economique européenne (C.E.E.) et la Communauté européenne de l'energie atomique (C.E.E.A.).

_____ 3. Le marché représenté à cette époque était de 180 millions de consommateurs.

_____ 4. La Communauté était fondée sur l'idée que les marchandises et les capitaux doivent pouvoir circuler librement entre plusieurs pays.

_____ 5. Les pays membres de la Communauté ont établi plusieurs politiques, y compris une politique agricole commune, et une politique européenne de l'énergie et des transports.

_____ 6. En 1969, la Grande-Bretagne, les Etats-Unis et le Danemark se sont joints à la Communauté.

_____ 7. La Grèce, l'Espagne et le Portugal ont formé leur propre communauté en 1981.

_____ 8. Le Parlement européen se réunit pour la première fois en 1976.

_____ 9. Depuis 1976, le Parlement européen a adopté plus de 100 directives qui aident à réaliser ce marché intereuropéen.

E. Ecoutez le passage encore une fois, puis écrivez ci-dessous l'idée (les idées) que vous trouvez la (les) plus intéressante(s).

_____

_____

_____

STRUCTURE

PRATIQUE: Les Verbes pronominaux au passé composé

ACTIVITE 2: Vous allez entendre plusieurs phrases, une fois chacune. Indiquez si chaque phrase est au présent (P), à l'imparfait (I) ou au passé composé (PC).

MODELE: *Vous entendez:* Il s'inquiète.

Vous écrivez: ___P___

1. _____ 3. _____ 5. _____ 7. _____ 9. _____ 11. _____
2. _____ 4. _____ 6. _____ 8. _____ 10. _____ 12. _____

ACTIVITE 3: Vous allez entendre plusieurs phrases. Complétez chaque phrase dans votre cahier avec les mots qui manquent. Faites très attention à l'accord entre l'objet direct et le participe passé.

1. _____ pour fixer rendez-vous.

2. _____ parce qu'_____

   depuis longtemps.

3. _____ pourquoi

   _____.

4. _____ de fixer l'heure et la date.

5. _____qu'elles étaient libres le jeudi après-midi.

6. _____ à parler et à regarder les gens au café.

7. _____.

8. _____ du tout.

SCENARIO

Vous allez entendre un extrait d'un article intitulé «Ce peuple cartésien» par Thierry Maulnier, qui a paru dans le journal *Le Figaro*. Ecoutez le passage, puis vérifiez l'idée principale, les détails et les expressions importantes. On va lire le texte une seule fois; il sera peut-être nécessaire de l'écouter plusieurs fois afin de répondre aux questions.

A. Répondez aux questions suivantes pour donner le résumé du passage.

1. Qu'est-ce qui caractérise la mentalité française d'après Thierry Maulnier?

   _____

   _____

2. Est-ce que cette mentalité est anti-cartésienne (anti-logique)?

   _____

   _____

COMMENTS:

```
        UNIVERSITE D'OTTAWA              UPS-4
        PROF MARIE CHRETIEN             MB-18
        DEPT OF ENGLISH
        OTTAWA ONT
        CANADA                    K1N 6N5
```

DEAR EDUCATOR: T.I. NO 17320-1 REVIEW CSISBN OF BOOK

IN ORDER TO PUBLISH BOOKS WHICH CONTINUE TO SUIT YOUR NEEDS, WE NEED YOUR HELP. PLEASE FILL IN YOUR REACTION TO THESE MATERIALS IN THE SPACE PROVIDED BELOW. FOLD AS INDICATED AND RETURN THE CARD TO US. POSTAGE IS PAID. THANK YOU.

QUAN.	CATALOG NO.	DESCRIPTION	LOCATION PRIMARY	SECONDARY
01	024887	* FAX YOUR ORDER TO DC HEATH * * ON OUR TOLL FREE NUMBER * ARIEW INTERMED FRENCH WKBK/LAB MAN	2X-6728	2CC6901

NO CHARGE MATERIAL

—— fold

Our SALES REPRESENTATIVE in your area   RICHARD C. LUDLOW

feels that the enclosed material will be suitable for adoption in your courses. If you desire further information or details on how to order D. C. Heath Texts, please feel free to write,

or call us toll free in Lexington, MA at

fold——

```
D.C. HEATH CANADA LTD SUITE 1600
100 ADELAIDE STREET WEST
TORONTO, ONTARIO M5H 1S9

        ACCT-6602347 SEQ-0205 DISC-H1
```

COURSE _____ _____ TELEPHONE NO. (_____) _____ —
NAME   NUMBER

CURRENT TEXT _____ _____
AUTHOR   TITLE

ENROLLMENT _____ WE PLAN TO ADOPT THIS TEXT ☐ YES ☐ NO ☐ UNDECIDED

COMMENTS: (MAY WE QUOTE YOU IN OUR ADVERTISEMENT?) ☐ YES ☐ NO OFFICE HOURS ☐ M ☐ Tu ☐ W ☐ Th ☐ F

TIME _____

```
    * FAX YOUR ORDER TO DC HEATH *
     * ON OUR TOLL FREE NUMBER *
     *--    1-800-824-7390    --*
```

PLEASE FOLD OVER ON FOLD MARKS AND FASTEN AT BOTTOM SO RETURN ADDRESS ON BACK IS OUT.
ADDITIONAL COMMENTS: (USE REVERSE SIDE)

B. Indiquez si, d'après l'auteur, les Français sont pour (P) ou contre (C) les programmes suivants.

_____ 1. toute forme de censure

_____ 2. l'étalage de la pornographie

_____ 3. une police plus efficace

_____ 4. les flics *(cops)*

_____ 5. un programme isolationniste

_____ 6. l'isolationnisme

_____ 7. la scolarité prolongée

_____ 8. l'avancement de l'âge de la retraite

_____ 9. la restriction des naissances

_____ 10. les travailleurs immigrés

_____ 11. le moderne

_____ 12. les robots

_____ 13. la société de consommation

_____ 14. l'automobile pour chaque citoyen

_____ 15. le dernier gadget dans la cuisine modèle

C. Qu'est-ce que vous en pensez? Vérifiez votre compréhension en répondant aux questions.

1. Les remarques de Thierry Maulnier caractérisent la mentalité des Français. Est-ce qu'on pourrait les considérer comme stéréotypiques? Expliquez.

_____

_____

_____

2. Est-ce que les remarques de l'auteur s'appliquent uniquement aux Français? Lesquelles pourraient également s'appliquer à la mentalité américaine?

_____

_____

_____

3. L'auteur explique que «les Français pensent *qu'il faut que ça change* et ils ne veulent rien changer dans leurs habitudes, dans leur manière de vivre et de penser.» Dans quelle mesure est-ce que cette philosophie ressemble à la vôtre?

_____

_____

_____

_____

NOM: _____

COURS: _____

DATE: _____

Chapitre 7
Demander ce que c'est

/ *Qu'est-ce que c'est?*

FONCTION

ACTIVITE 1: Choisissez la description qui n'est pas cohérente. Ensuite, expliquez pourquoi vous avez éliminé la description.

> MODELE: en métal   en or   en verre   <u>cubique</u>
>
> Il y a trois matériaux, mais cubique est une forme.

1. beige   blanc   bleu clair   noir

   _____

2. rose   carré   rouge   violet

   _____

3. long   pâle   délavé   foncé

   _____

4. large   circulaire   long   gros

   _____

5. conique   rond   dur   pointu

   _____

6. mouillé   vif   rugueux   collant

   _____

7. en laine   en coton   en polyester   en or

   _____

ACTIVITE 2: Dessinez ci-dessous un objet d'art de votre choix. Ensuite, décrivez-le. Utilisez l'espace sur la page suivante. N'oubliez pas de décrire la couleur, la dimension, la forme, la sensation au toucher et le matériel de fabrication.

Voici ma nouvelle création. Elle s'appelle _____

et elle est _____

_____

_____

_____

_____

STRUCTURE

PREPARATION: La Possession

There are several ways to indicate possession in French.

Possession using **de**

item possessed	+	**de**	+	*person possessing the item*
C'est la statue		de		Marc.
C'est l'objet d'art		du (de + le)		garçon.
C'est l'appartement		des (de + les)		deux amis.

The Expressions **être à** and **appartenir à**

The expressions **être à** and **appartenir à** (*to belong to*) followed by either a noun or a stress pronoun **(moi, toi, lui, elle, nous, vous, eux, elles)** are used to express ownership or possession.

—Attends, je vois: un machin brun avec des parties bleues… euh… **c'est à toi?**

—Oui, **elle appartient à moi.** Tu l'as vue, alors?

—Oui, je l'ai prêtée à Robert.

—Tu l'as prêtée à Robert? Mais, **elle est à moi!** Cette radio **ne t'appartient pas!**

Possessive Adjectives

Possessive adjectives agree in number and gender with the item possessed. Review the forms of the possessive adjectives in French.

	Masculine	Feminine	Plural
my	**mon** disque compact	**ma** montre	**mes** cassettes
your	**ton** disque compact	**ta** montre	**tes** cassettes
his/her	**son** disque compact	**sa** montre	**ses** cassettes
our	**notre** disque compact	**notre** montre	**nos** cassettes
your	**votre** disque compact	**votre** montre	**vos** cassettes
their	**leur** disque compact	**leur** montre	**leurs** cassettes

ACTIVITE 3: Récrivez chaque phrase en utilisant les expressions données. Vérifiez vos réponses dans l'appendice.

> MODELE: Anne a un micro-ordinateur.
>
> **de**　　　　　　　　　C'est le micro-ordinateur d'Anne.
>
> **appartenir à**　　　Le micro-ordinateur appartient à Anne.
>
> l'adjectif possessif　C'est son micro-ordinateur.

1. Le professeur a des micro-ordinateurs.

   a. **de** _____

   b. **être à** _____

   c. l'adjectif possessif _____

2. Les amies ont des voitures de sport.

   a. **de** _____

   b. **appartenir à** _____

   c. l'adjectif possessif _____

3. Nous avons un appareil-photo.

   a. **appartenir à** _____

   b. l'adjectif possessif _____

4. Tu as un téléviseur couleur.

   a. **être à** _____

   b. l'adjectif possessif _____

PRATIQUE: Les Pronoms possessifs

ACTIVITE 4: A qui sont les objets suivants? Donnez le pronom possessif qui correspond à chaque objet.

    MODELE: mon sac à dos _____ C'est le mien. _____

1. mon sac à dos _____
2. ma chaîne stéréo _____
3. tes disques_____
4. ton micro-ordinateur _____
5. son stylo _____
6. ses voitures_____
7. notre chaîne stéréo _____
8. nos disques _____
9. votre micro-ordinateur_____
10. votre planche à voile _____
11. leur télé _____
12. leurs affiches_____

ACTIVITE 5: Pour chaque phrase, écrivez deux phrases équivalentes, une avec l'adjectif possessif et une autre avec le pronom possessif.

    MODELE: C'est le tee-shirt de Jean.

          C'est son tee-shirt. C'est le sien.

1. C'est le baladeur de Martin.

   _____

2. Cette voiture est à moi.

   _____

3. Ce sont les mobylettes d'André et de David.

   _____

4. Ces disques sont à nous.

   _____

5. Ce magnétoscope est à toi.

   _____

6. Ce sont les calculatrices de Suzette.

   _____

7. Ces planches à voile sont à vous?

   _____

8. La chaîne stéréo est à Christine et à Chantal.

   _____

ACTIVITE 6: Complétez les mini-dialogues suivants et décrivez vos possessions ou les possessions de vos ami(e)s. D'abord, écrivez une liste d'objets (colonne de gauche). Ensuite, complétez la liste de questions pour demander à qui l'objet appartient (colonne du centre). Finalement, utilisez des expressions différentes pour exprimer la possession (colonne de droite).

L'objet	La question	La réponse
MODELE: La montre Seiko	C'est à toi?	Oui, c'est la mienne.
1. _____	Cela t'appartient?	_____
2. _____	C'est votre _____	_____
3. _____	Ce sont tes _____	_____
4. _____	_____	_____
5. _____	_____	_____
6. _____	_____	_____
7. _____	_____	_____
8. _____	_____	_____

SECTION 2 / *Ça coûte combien?*

FONCTION

ACTIVITE 1: Mettez ensemble l'adjectif de la colonne A et son contraire de la colonne B. Ensuite, identifiez les paires d'adjectifs comme une couleur (C), une dimension (D), une forme (F), ou une sensation au toucher (S).

MODELE: pointu et sphérique: Ce sont des formes (F).

	Colonne A	Colonne B
_____ _____	1. grand	a. carré
_____ _____	2. noir	b. bleu clair
_____ _____	3. large	c. mince
_____ _____	4. doux *(smooth)*	d. vert
_____ _____	5. rouge	e. long
_____ _____	6. mou/molle *(soft)*	f. minuscule
_____ _____	7. bleu foncé	g. blanc
_____ _____	8. rond	h. lisse
_____ _____	9. court *(short)*	i. dur
_____ _____	10. **rugueux**	j. **piquant**

ACTIVITE 2: Vous vous trouvez dans un magasin de sports et vous voulez voir certains objets de près. Regardez bien les étagères *(shelves)*, puis écrivez ce que vous diriez à la vendeuse pour qu'elle vous donne au moins cinq objets.

MODELE: Pardon, Madame. Je voudrais voir une planche à roulettes. Je veux la planche à droite sur l'étagère du bas.

1. _____
   _____

2. _____
   _____

3. _____

4. _____
   _____

5. _____
   _____

STRUCTURE

PREPARATION: Les Adjectifs interrogatifs et démonstratifs

When pointing out and describing objects, the interrogative adjective **quel (quelle, quels, quelles)** meaning *which*, and the demonstrative adjective **ce (cet, cette, ces)** meaning *this*, are often used. **Quel** and **ce** agree in number and gender with the noun they modify.

	Masculine	Masculine (before a vowel)	Feminine
Singular	—**Quel** lecteur laser?	—**Quel** appareil-photo?	—**Quelle** planche à voile?
	—**Ce** lecteur laser-ci!	—**Cet** appareil-photo-ci.	—**Cette** planche à voile-là.
Plural	—**Quels** skis?		—**Quelles** cassettes?
	—**Ces** skis-ci.		—**Ces** cassettes-là.

ACTIVITE 3: Complétez les mini-dialogues avec la forme correcte de **quel** et **ce**. Vérifiez vos réponses dans l'appendice.

1. —_____ lecteur laser vous intéresse?

   —_____ lecteur laser-ci ou même _____ lecteurs

   lasers-là.

2. —_____ mobylette est-ce que vous trouvez la plus intéressante?

   —_____ mobylette-ci ou bien _____ mobylettes-là.

3. —_____ appareil-photo aimes-tu?

   —_____ appareil-photo-ci mais pas _____ appareil-

   photo-là.

4. —_____ baladeurs vous intéressent?

   —_____ baladeurs-ci ou bien _____ baladeur-là.

5. —_____ cassettes aimez-vous?

   —_____ cassette-ci ou peut-être _____ cassettes-là.

PRATIQUE: Les Adjectifs et les pronoms interrogatifs; les adjectifs et les pronoms démonstratifs

ACTIVITE 4: Quelles possessions préférez-vous? Pour chaque objet, écrivez le pronom interrogatif et le pronom démonstratif qui conviennent.

   MODELE: Où est mon sac à dos?

   _____Lequel? Celui-ci?_____

1. Où est mon magnétoscope?

   _____

2. Tu as vu la nouvelle chaîne stéréo?

   _____

3. Où sont les disques compacts de Georges?

   _____

4. Où est ton micro-ordinateur?

   _____

5. Où est votre planche à voile?

   _____

6. Tu as vu son stylo?

   _____

7. Où est leur télé couleur?

   _____

8. Où est sa voiture?

   _____

9. Où sont leurs affiches?

   _____

10. Tu as vu ma nouvelle montre?

   _____

ACTIVITE 5: Vous allez lire une conversation entre une femme et une vendeuse dans un magasin pour dames. Complétez chaque phrase avec la forme correcte de l'adjectif ou du pronom interrogatif ou démonstratif. A la fin, relisez la conversation et rapportez-en l'idée principale en une ou deux phrases.

—Bonjour, Madame. Vous cherchez quelque chose?

—Je voudrais une chemise.

—(1) _____ genre de chemise cherchez-vous?

—Une chemise sport.

—Et de (2) _____ taille?

—Je porte du 42.

—Et de (3) _____ couleur?

—J'aime les couleurs claires.

—(4) _____ chemise-ci en tissu léger ou (5) _____ en laine?

—Je voudrais voir (6) _____ , en coton. C'est pour le tennis.

—Alors en voici deux en coton. (7) _____ préférez-vous, (8) _____ en jaune ou (9) _____ en bleu ciel?

—La jaune, s'il vous plaît.

—Et avec ça?

—Un short de tennis.

—(10) _____ vous plaît?

—Euh…

—Ou peut-être (11) _____…

—(12) _____?

—(13) _____ , en haut. On dit que ces modèles sont très à la
mode cette année.

—C'est parfait. C'est combien?

—(14) _____ articles sont en solde à 150F.

—Très bien. (15) _____ taille est parfaite,

(16) _____ couleur et (17) _____

modèle sont bons.

—Alors, vous pouvez passer à la caisse. Par ici, Madame. Vous payez en espèces
ou avec une carte de crédit?

—Vous acceptez Visa?

—Bien sûr!

Maintenant, écrivez une ou deux phrases pour décrire l'idée principale de la
conversation.

_____

_____

_____

FONCTION

ACTIVITE 1: Chaque devinette *(riddle)* décrit un objet qui appartient, ou appartenait, à un(e) Français(e) célèbre. Mettez ensemble les descriptions et les objets. Ensuite, dites à qui chaque objet appartient (appartenait).

1. Cet objet est en feutre *(felt)* lisse. Il est rond et noir. <u>A; Marcel Marceau</u>

2. Cet objet est en métal argenté. Il est long, pointu et dur. _____

3. Cet objet est en métal, en bois et en crin *(hair)*. Il est très mince et long.

   _____

4. Cet objet est en bois; il est rond, avec un manche *(handle)*. Il comprend aussi des cordes en plastique. _____

5. Cet objet est en or. Il est incrusté de pierres *(stones)* précieuses. Il est rond.

   _____

6. Cet objet est recouvert de métal perforé. Il a quelquefois *(sometimes)* un manche. _____

7. Cet objet est en plastique ou en métal. Il est très long et plat. Il a le bout *(end)* incurvé. _____

8. Cet objet est en papier. Il est rectangulaire et il contient des feuilles.

   _____

9. Cet objet est en métal argenté. Il est cylindrique vers le bas *(lower part)* et pointu vers le haut *(upper part)*. _____

Les Possessions   **Les Personnages**

Jean-Paul
   Sartre

Jeanne d'Arc

Marcel
   Marceau

Claude Monet

Yannick Noah

Edith Piaf

Jean-Claude
   Killy

Louis XIV

Napoléon

ACTIVITE 2: Comme l'ont fait les gangsters dans la scène de *Tirez sur le pianiste,* dans cette activité vous devez faire des descriptions des possessions extraordinaires. Utilisez les expressions dans les colonnes ou bien des expressions de votre choix.

MODÈLE: C'est Anne-Marie dont le frère aime les chapeaux en chocolat.

C'est Anne-Marie. . .

le frère	avoir des chaussures	climatisé(e)(s).
la camarade de chambre	aimer les bonbons	élastique(s).
le professeur	avoir des sous-vêtements	en métal japonais.
les amis	aimer les montres	en chocolat.
les amies	avoir une voiture	solaire(s).
les voisins	aimer les chapeaux	électrique(s).

1. _____
2. _____
3. _____
4. _____
5. _____
6. _____

STRUCTURE

PREPARATION: Les Verbes irréguliers **voir, savoir, connaître, croire** et **boire**

Certain verbs are used often in the dialogue and listening passages when describing and speaking about descriptions of particular objects. Read the following excerpts containing the irregular verbs **voir, savoir,** and **croire,** then study the conjugations of these verbs and other **-oir** and **-oire** verbs.

voir   Ma statue... Tu l'as vue, alors?

savoir   Je ne sais pas de quoi tu parles.

Tu sais, sale—des mégots, de la cendre.

Je suis vraiment désolé mais je ne savais vraiment pas que... c'était une sculpture.

croire   Je croyais que c'était un cendrier.

	voir	croire	boire	savoir	connaître
	to see	*to believe*	*to drink*	*to know a fact*	*to know, to be acquainted with*
je	vois	crois	bois	sais	connais
tu	vois	crois	bois	sais	connais
il/elle/on	voit	croit	boit	sait	connaît
nous	voyons	croyons	buvons	savons	connaissons
vous	voyez	croyez	buvez	savez	connaissez
ils/elles	voient	croient	boivent	savent	connaissent
passé composé	j'ai vu	j'ai cru	j'ai bu	j'ai su	j'ai connu

ACTIVITE 3: Complétez les phrases avec la forme correcte du verbe **voir, croire, boire, savoir** ou **connaître.** Vérifiez vos réponses dans l'appendice.

1. Je _____ ta nouvelle statue là-bas et je trouve qu'elle est très

   intéressante.

2. Est-ce que tu _____ où on peut voir des tableaux expressionnistes?

3. _____-vous des artistes?

4. Nous avons voyagé dans la région de Bordeaux et nous _____

   _____ un très bon vin.

5. Ah, oui! Je _____ vraiment que Picasso est l'artiste moderne le plus

   célèbre.

6. _____-vous qui a peint *La Joconde (Mona Lisa)?*

PRATIQUE: Les Prépositions + **lequel**

ACTIVITE 4: Camille et Marie sont camarades de chambre et elles discutent de leurs possessions. Complétez la conversation avec une préposition et la forme correcte de **lequel.** Quand vous aurez fini, répondez aux questions qui suivent.

CAMILLE: Tu as vu mon sac à dos?

MARIE: Quoi?

CAMILLE: Euh… tu sais… le truc (1) _____ je mets mes affaires

quand je vais en classe. Mon sac à dos. Je cherche mon sac à dos.

MARIE: (2) _____ penses-tu? A l'ancien ou au nouveau?

CAMILLE: Je pense à mon nouveau sac à dos…

MARIE: Encore une fois… (3) _____ as-tu besoin?

CAMILLE: Du petit sac à dos vert et bleu marine... (4) _____ je

mets toujours mon portefeuille.

MARIE: Ton portefeuille?

CAMILLE: Oui, (5) _____ je mets mes clés. Je ne trouve pas mes

clés.

MARIE: Comment tes clés? Je croyais que tu cherchais ton sac à dos…

CAMILLE: Oui, mais c'est parce que j'ai besoin de mes clés, (6) _____

_____ je ne pourrais pas aller au gymnase, (7)_____

_____ je ne pourrai pas y ouvrir mon armoire (8)

_____ j'ai ma raquette de tennis.

MARIE: Tu disais que tu cherchais ton sac à dos! Moi, je ne comprends plus rien du

tout…

Vérifiez votre compréhension en répondant aux questions suivantes.

1. Qu'est-ce que Camille cherche?

    _____

2. Comment est-il, cet objet?

    _____

3. Pourquoi est-ce qu'elle le cherche?

    _____

4. Que pensez-vous de sa camarade Marie?

    _____

5. Avez-vous un sac à dos? Si oui, décrivez-en la couleur, la taille et la forme et décrivez ce que vous mettez d'habitude dedans.

    _____

    _____

ACTIVITE 5: Utilisez une préposition **(à, avec, dans, de, pour, sans, sur)** et **lequel** pour expliquer à quoi sert chaque objet.

    MODELE: un stylo   C'est quelque chose avec lequel j'écris mes devoirs.

1. un appareil-photo _____

2. une calculatrice _____

3. un sac à dos_____

4. un portefeuille _____

5. un bureau _____

6. un micro-ordinateur _____

7. une tasse à café _____

8. une table _____

Chapitre 7
Demander ce que c'est

SECTION 1 / *Qu'est-ce que c'est?*

FONCTION

ACTIVITE 1: Vous allez entendre plusieurs petits échanges où on va décrire plusieurs paires de skis. Ecoutez bien les détails, puis écrivez le numéro de l'échange à côté de chaque description. Vous allez entendre chaque échange deux fois. Arrêtez la cassette après chaque échange si c'est nécessaire. Faites attention! Vous ne pourrez pas identifier toutes les paires de skis!

MODELE: Scène 1   —Comment sont vos skis?

—Les miens sont en plastique, larges et orange et blancs.

__1__ A. en plastique larges orange et blancs	_____ B. en bois longs noirs	_____ C. en métal courts orange et blancs
_____ D. noirs en métal longs	_____ E. orange et blancs en plastique courts	_____ F. larges bleus et rose en plastique
_____ G. bleus et rose en bois larges	_____ H. en métal courts noirs	_____ I. en bois bleus et rose longs

ACTIVITE 2: Dans cette scène, un homme veut acheter des piles *(batteries)* pour sa radio portative. Ecoutez le passage, puis identifiez l'idée principale et vérifiez les détails. On va lire le passage une seule fois; il sera peut-être nécessaire de l'écouter plusieurs fois afin de répondre aux questions.

A. Décrivez le passage.

1. Le langage est _____ formel. _____ familier.

2. Le ton de la scène est _____ léger. _____ poli et respectueux. _____ sérieux. _____ familier.

B. Choisissez le(s) meilleur(s) résumé(s) du passage.

_____ 1. Le vendeur a beaucoup de piles mais il n'a pas ce que le client cherche.

_____ 2. Le client ne savait pas qu'il y aurait tant de genres de piles.

_____ 3. Le client ne sait pas ce dont il a besoin.

C. Ecoutez bien les descriptions des piles, puis complétez les phrases ci-dessous. Le nombre de réponses possibles est indiqué entre parenthèses après chaque phrase.

Le vendeur offre des piles qui sont…

1. *la forme* (2) _____

2. *les dimensions* (4) _____

3. *les couleurs* (4) _____

4. *le matériel* (2) _____

5. *le voltage* (2) _____

STRUCTURE

PRATIQUE: Les Adjectifs possessifs; les pronoms possessifs

ACTIVITE 3: Pour chaque phrase, écrivez le numéro de la phrase à côté de la phrase équivalente dans la liste ci-dessous. Vous allez entendre chaque phrase deux fois. Vous pouvez arrêter la cassette après chaque phrase si c'est nécessaire.

MODELE: *Vous entendez:*   C'est mon vélo.

C'est mon vélo.

Vous écrivez: ___1___ C'est le mien.

_____ a. Ce sont les nôtres.   _____ f. C'est la tienne.

_____ b. Ce sont les siennes.   _____ g. Ce sont les leurs.

___1___ c. C'est le mien.   _____ h. C'est la vôtre.

_____ d. Ce sont les tiens?   _____ i. C'est la nôtre.

_____ e. C'est la sienne.

ACTIVITE 4: Luc et Guy vont habiter ensemble. Vous allez entendre plusieurs petits échanges où ils évaluent leurs affaires afin de décider ce qu'ils vont garder. Dans la deuxième phrase de chaque échange, substituez un pronom possessif pour la construction *adjectif possessif + nom* d'après le modèle. Après chaque phrase, vous allez entendre la réponse correcte.

MODELE: *Vous entendez:* —Est-ce que tu veux garder ton lecteur laser?

—Oui, je veux garder mon lecteur laser.

Vous dites: —Oui, je veux garder le mien.

Vous entendez: —Oui, je veux garder le mien.

Après avoir écouté la scène, vérifiez votre compréhension en répondant aux questions ci-dessous.

1. Quelles possessions sont mentionnées dans la conversation?

_____

2. Lesquelles des choses nommées dans la conversation possédez-vous?

_____

3. Vont-ils garder les deux chaînes stéréo? Pourquoi?

_____

4. A qui appartiennent les deux micro-ordinateurs? Est-ce qu'ils vont garder les deux? Pourquoi?

_____

_____

5. Est-ce que la planche à voile appartient à Luc?

_____

FONCTION

ACTIVITE 1: Vous allez entendre plusieurs expressions. On va les répéter une fois. Indiquez si on utilise chaque expression pour demander le prix (DEM), pour donner le prix (DON) ou pour réagir au prix (R).

> MODELE: *Vous entendez:* Combien coûte cette planche à voile?
>
> *Vous écrivez:* ___DEM___

1. _____
2. _____
3. _____
4. _____
5. _____

6. _____
7. _____
8. _____
9. _____
10. _____

11. _____
12. _____
13. _____
14. _____

ACTIVITE 2: Dans cette scène, une cliente rentre dans un magasin pour y acheter des balles de tennis. On va lire le dialogue une seule fois; il sera peut-être nécessaire de l'écouter plusieurs fois afin de répondre aux questions.

A. Décrivez la conversation.

1. Le langage est _____ formel. _____ familier. _____ formel et familier.

2. Le ton de la scène est _____ léger. _____ poli et réservé. _____ sarcastique. _____ familier.

B. Choisissez le meilleur résumé de la scène.

_____ 1. La cliente veut acheter des articles en solde.

_____ 2. La cliente veut des balles de tennis mais trouve les prix trop élevés.

_____ 3. La cliente trouve les prix élevés mais elle achète les balles quand même.

_____ 4. L'employé n'est pas courtois.

C. Ecoutez la scène encore une fois, puis complétez les phrases par les détails que vous entendez.

1. La cliente cherche _____

2. Elle croit que ces prix _____

3. Le vendeur explique qu'il n'y a pas de soldes parce que _____

_____

4. Les balles coûtent _____

5. La cliente pourrait payer par _____ ou avec _____

D. Ecoutez la scène encore une fois et complétez ci-dessous les expressions qu'on utilise pour demander ou donner un prix et pour réagir aux prix.

1. Celles-ci _____ la boîte de trois.

2. Vous n'avez pas, par hasard, _____?

3. Nous en avons _____,

_____ 30 F.

4. Vous ne trouvez pas ces prix _____?

5. Je _____ combien?

6. Deux boîtes _____, _____ 80 F.

E. Ecoutez la scène une dernière fois et complétez ci-dessous les expressions qu'on utilise pour décrire la situation d'un objet.

1. Alors, donnez-moi deux boîtes de _____.

2. Deux boîtes de _____, juste

_____ sur _____.

STRUCTURE

PRATIQUE: Les Adjectifs et les pronoms interrogatifs;
les adjectifs et les pronoms démonstratifs

ACTIVITE 3: Vous allez entendre plusieurs petites phrases composées d'un adjectif interrogatif ou d'un adjectif démonstratif. On va les lire une fois chacune. Ecrivez le pronom interrogatif ou démonstratif qui correspond à chaque phrase, d'après les modèles.

MODELE: *Vous entendez:* Cette montre est nouvelle.

Vous écrivez: Celle-ci.

Vous entendez: Quelle montre est nouvelle?

Vous écrivez: Laquelle?

1. _____   6. _____
2. _____   7. _____
3. _____   8. _____
4. _____   9. _____
5. _____   10. _____

ACTIVITE 4: Pour chaque phrase que vous entendez, posez une question avec un pronom interrogatif et une deuxième question avec un pronom démonstratif, d'après le modèle. Après chaque phrase, vous allez entendre la réponse correcte.

> MODELE: *Vous entendez:* Vous aimez ce chapeau?
>
> *Vous dites:* Lequel? Celui-ci?
>
> *Vous entendez:* Lequel? Celui-ci?

PHONETIQUE: *Nasal Sounds*

Certain combinations of letters are pronounced as nasal vowels. There are three distinct nasal vowels in French. All nasal vowels are produced by letting air pass through the nasal cavities.

- The letters **an, am, en,** and **em** are pronounced like the vowel sound in the English word *haunt*. Note that there is no trace of the sound **n** or **m** when pronouncing the French sound.

- The letters **in** and **im** are pronounced like the French sound **è** with the lips rounded and with nasal resonance. This sound has no equivalent in English.

- The letters **on** and **om** are pronounced like the sound **o** with the lips rounded and with nasal resonance. This sound has no equivalent in English.

ACTIVITE 5: Répétez les mots et les phrases qui suivent, en faisant très attention aux voyelles nasales.

an, am, en, em

les vacances	la marchandise	une avalanche	en direct
le vent	le temps	les enfants	

in, im

le matin	principale	inviter	indiquer
la fin	demain		

on , om

un sondage	un feuilleton	une conversation	rond

1. Nous avons plusieurs genres de piles. Il y en a des carrées ou des rondes.

2. Nous n'avons pas besoin de deux chaînes stéréo.

3. Notre marchandise est de grande qualité.

SECTION 3 / *C'est un briquet à musique*

FONCTION

ACTIVITE 1: Dans cette section du chapitre, vous avez discuté des possessions qui ne sont pas comme les autres. Regardez bien le dessin, puis écoutez la publicité pour un nouveau parfum pour les enfants qui s'appelle «Babar et Céleste». Ensuite, vérifiez l'idée principale, les détails et les expressions importantes. On va lire le texte une seule fois; il sera peut-être nécessaire de l'écouter plusieurs fois afin de répondre aux questions.

A. Décrivez le passage.

   1. Le langage est _____ formel. _____ familier.

   2. Le ton du passage est _____ léger. _____ poli mais amusé.

      _____ familier. _____ sérieux.

B. Choisissez le meilleur résumé du passage.

   _____ 1. La compagnie Kids Scents offre un nouveau parfum français destiné aux jeunes Américains.

   _____ 2. Les produits pour enfants sont de plus en plus divers.

   _____ 3. Les parfums et produits pour le bain «Babar et Céleste» s'achètent seulement en France.

C. Pour vérifier votre compréhension du passage, indiquez si les phrases suivantes sont vraies (V) ou fausses (F).

_____ 1. Babar et Céleste sont des éléphants, crées par Jean De Brunhoff.

_____ 2. Kids Scents est une compagnie française qui offre des parfums et des produits de bain.

_____ 3. Le président de la compagnie a trouvé les produits «Babar et Céleste» dans une parfumerie des Champs-Elysées.

_____ 4. La vente des parfums et produits pour le bain Babar et Céleste n'a pas eu un grand succès aux Etats-Unis.

_____ 5. Le parfum «Babar» est un mélange délicat d'orange et de chocolat.

_____ 6. Le parfum «Céleste» est un mélange d'orange, de lys et de rose.

_____ 7. Selon l'article, les enfants devraient imiter leurs parents.

_____ 8. Les créateurs des produits veulent donner à l'enfant une image sophistiquée.

_____ 9. On peut acheter ces produits dans les grands magasins et dans des boutiques pour enfants.

_____ 10. L'auteur de l'article pense que ces produits vont plaire aux enfants et à leurs parents.

D. Et vous, que pensez-vous des produits pareils pour les jeunes? Est-ce qu'il faudrait encourager les enfants à imiter leurs parents? Donnez votre opinion en trois ou quatre phrases.

_____

_____

_____

_____

_____

STRUCTURE

PRATIQUE: Les Prépositions + **lequel**

ACTIVITE 2: Ecoutez bien la description pour identifier chaque objet sur la page 165. Ensuite, écrivez la lettre de l'objet et la préposition plus **lequel** qu'on utilise dans la description.

1. _____   5. _____

2. _____   6. _____

3. _____   7. _____

4. _____   8. _____

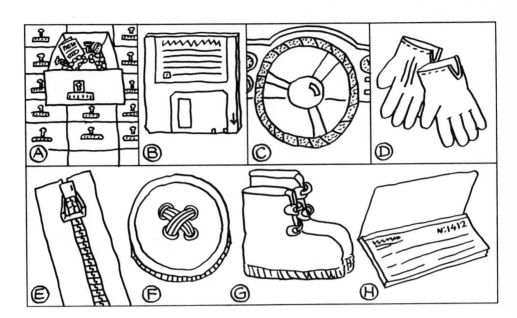

ACTIVITE 3: Vous allez entendre deux phrases. Mettez-les ensemble avec la forme correcte d'**auquel** ou **duquel**. Ensuite, vous allez entendre la réponse correcte.

MODELE: *Vous entendez:* Le micro-ordinateur est très bon marché. Je pense à ce micro-ordinateur.

Vous dites: Le micro-ordinateur auquel je pense est très bon marché.

Vous entendez: Le micro-ordinateur auquel je pense est très bon marché.

SCENARIO

Le passage suivant est un dialogue entre amis. Ils discutent d'un lecteur laser portable. Ecoutez bien le dialogue, puis faites les activités. On va le lire une seule fois; il sera peut-être nécessaire de l'écouter plusieurs fois afin de répondre aux questions.

A. Prenez des notes. Notez certains détails à propos du dialogue.

1. Quelle est la marque du lecteur laser?

_____

2. De quelle couleur est-il?

_____

3. Décrivez-le.

_____

_____

4. Est-ce que le lecteur laser marche bien?

   _____

5. Est-ce qu'on a dû le faire réparer?

   _____

6. Est-ce que l'ami le recommande?

   _____

B. Quelles caractéristiques sont importantes quand on achète un lecteur laser portable? Faites une liste des attributs de l'appareil que vous aimeriez acheter.

   _____

   _____

   _____

   _____

Chapitre 8

Donner son opinion

SECTION 1 / *Ne pensez-vous pas que j'aie raison?*

FONCTION

ACTIVITE 1: On utilise les expressions suivantes pour demander une opinion, pour donner une opinion positive ou pour donner une opinion négative. Catégorisez-les selon les rubriques ci-dessous.

Cela te plairait?	Donnez-m'en votre avis!	D'après moi, c'est épouvantable.
Je suis désolé(e) que…	Je préfère que…	Ça t'intéresse?
Qu'est-ce que tu en penses?	Ça ne me dit rien.	Je veux que…
Je suis enchanté(e) que…	J'ai envie de…	Qu'est-ce que tu penses de cela?
Je voudrais que…	Ça te plaît?	Je regrette que tu…
J'aimerais bien que…		

A. Pour demander une opinion

    1. _____   4. _____

    2. _____   5. _____

    3. _____   6. _____

B. Pour donner une opinion positive

    1. _____   4. _____

    2. _____   5. _____

    3. _____   6. _____

C. Pour donner une opinion négative

    1. _____   3. _____

    2. _____   4. _____

ACTIVITE 2: Complétez les mini-dialogues suivants. La première personne va dire ce qu'il aime ou n'aime pas et ensuite va demander l'opinion de la deuxième personne. La deuxième personne va donner son opinion. N'oubliez pas d'utiliser des expressions différentes! Créez vos propres mini-dialogues pour les numéros 5 et 6!

MODELE:

— <u>Moi, je voudrais bien</u> rester en ville pour faire des choses mondaines. <u>Qu'est-ce que tu en penses?</u>

— <u>A mon avis, la vie en ville n'est pas civilisée.</u>

1. — _____ habiter une grande ville comme Paris ou New York. _____

_____

— _____

2. — _____ vivre toujours en confort.

_____

— _____

3. — _____ vivre une vie simple sans gadgets.

_____

— _____

4. — _____ faire du camping sauvage pour faire l'expérience de la nature. _____

— _____

5. — _____

_____

— _____

6. — _____

_____

— _____

STRUCTURE

PREPARATION: Les Verbes réguliers au subjonctif présent

The subjunctive is used to express needs, beliefs, and feelings. Note that it reflects the speaker's personal opinions and individual perceptions about reality rather than absolute and incontestable fact. The subjunctive always occurs (a) in sentences in which the subject of the main clause is not the same as that in the subordinate clause, (b) in a dependent clause that begins with **que**.

To form the present subjunctive of regular verbs, drop the **-ent** ending from the third-person plural form of the present indicative (ils/elles **travaill**ent, **finiss**ent, **attend**ent), then add the following endings to the verb stem: **-e, -es, -e, -ions, -iez, -ent.**

travailler	choisir	attendre
ils travaillent	ils choisissent	ils attendent
stem = travaill-	*stem* = choisiss-	*stem* = attend-
Il est important que…	Il est regrettable que…	Il est surprenant que…
je travaille	je choisisse	j'attende
tu travailles	tu choisisses	tu attendes
il/elle/on travaille	il/elle/on choisisse	il/elle/on attende
nous travaillions	nous choisissions	nous attendions
vous travailliez	vous choisissiez	vous attendiez
ils/elles travaillent	ils/elles choisissent	ils/elles attendent

ACTIVITE 3: Donnez la forme correcte du subjonctif de chaque verbe. Vérifiez vos réponses dans l'appendice.

1. entrer: que tu _____
2. parler: que nous _____
3. écouter: que vous _____
4. porter: qu'il _____
5. choisir: qu'ils _____
6. finir: que nous_____
7. obéir: que tu _____
8. grossir: que je_____
9. vendre: que vous _____
10. rendre: que tu _____
11. attendre: qu'il_____
12. descendre: que nous _____

PRATIQUE: Le Subjonctif (exprimer les opinions, le désir et les émotions)

ACTIVITE 4: Regardez bien les dessins, ensuite écrivez une phrase pour exprimer chaque émotion.

MODELE: Vous travaillez avec un groupe écologiste tous les week-ends.

Je suis content(e) que vous travailliez avec un groupe écologiste tous les week-ends.

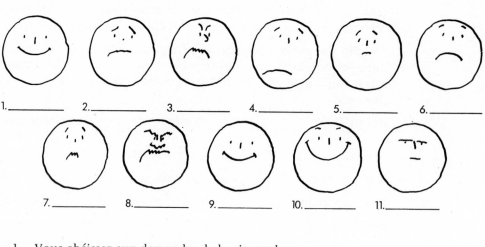

1._____ 2._____ 3._____ 4._____ 5._____ 6._____

7._____ 8._____ 9._____ 10._____ 11._____

1. Vous obéissez aux demandes de la vie moderne.

   _____

2. Nous dépensons beaucoup d'argent pour des gadgets inutiles.

   _____

3. Les gadgets rendent la vie facile.

   _____

4. Vous apportez votre mini-téléviseur en camping?

   _____

5. Vous ne voyagez jamais sans gadgets.

   _____

6. Vous ne nous accompagnez pas.

   _____

7. Nous passons trop de temps à penser au confort.

   _____

8. Vous mettez en question votre style de vie.

   _____

9. Vous essayez le camping sauvage.

   _____

10. Vous vous amusez avec nous.

    _____

ACTIVITE 5: Donnez votre opinion de chaque invention. Faites une phrase avec les éléments donnés et n'oubliez pas d'employer le subjonctif. A la fin de l'activité, indiquez les gadgets les plus utiles et les moins utiles.

MODELE: Je voudrais / nous / posséder un vidéo-téléphone
Je voudrais que nous possédions un vidéo-téléphone.

1. Je veux / tu / acheter un couteau électrique.

   _____

   _____

2. Il est important / nous / prendre au sérieux les fours à micro-ondes.

   _____

   _____

3. Je crains / vous / ne pas venir avec moi acheter un nouveau téléviseur couleur.

   _____

   _____

4. Il est étrange / vous / ne pas / savoir / utiliser le fer à repasser *(steam iron)*.

   _____

   _____

5. Il est surprenant / vous / aller acheter un micro-ordinateur.

   _____

   _____

6. Je suis ravi(e) / ils / acheter un lave-vaisselle *(dishwasher)*.

   _____

   _____

7. Je ne pense pas / nous / vouloir acheter un lave-linge *(clothes washer)* et un sèche-linge *(clothes dryer)*. _____

   _____

8. Je suis heureux / nous / choisir l'équipement ménager avec soin.

   _____

   _____

Maintenant, indiquez les gadgets les plus utiles et les moins utiles.

très utiles	assez utiles mais pas nécessaires	pas nécessaires
_____	_____	_____
_____	_____	_____
_____	_____	_____
_____	_____	_____

ACTIVITE 6: Lisez l'article et les statistiques qui suivent; ensuite écrivez huit phrases pour en donner votre réaction; utilisez une expression d'opinion ou d'émotion différente de la liste ci-dessous pour commencer chaque phrase.

Je ne crois pas que...   Il semble que...   Il est naturel que...
Il est dommage que...   Il est curieux que...   Je suis désolé(e) que...
Je regrette que...   Je suis content(e) que...   Je suis surpris(e) que...

Gros appareils ménagers

Plus de 80% des ménages *(households)* sont aujourd'hui équipés d'un aspirateur, d'un réfrigérateur ou d'une cuisinière *(range)*. En 1990, quatre ménages sur cinq possèdent au moins trois gros appareils ménagers de base. Le lave-vaisselle et le congélateur *(freezer)* ne sont pas encore présents dans la majorité des foyers *(homes)* et progressent relativement lentement.

Petits appareils électroménagers

Près de 90% des ménages possèdent au moins trois petits appareils *(appliances)* électroménagers. Pensez aux statistiques suivantes.

		couteau électrique	47%
fer à repasser	96%	hotte aspirante	35%
aspirateur	82%	*(range hood)*	
robot-mixer	81%	ouvre-boîte *(can opener)*	26%
cafetière *(coffee maker)*	70%	électrique	
électrique		friteuse *(French fryer)*	23%
moulin *(grinder)* à café	63%	électrique	
électrique		grille-viande	18%
grille-pain *(toaster oven)*	49%	yaourtière électrique	17%
électrique		presse-fruits électrique	14%

La nouvelle génération d'équipements

L'arrivée récente d'une nouvelle génération d'équipements (magnétoscope, ordinateur familial, lecteur de disques compacts, four à micro-ondes, sèche-linge,...) devrait relancer les dépenses d'équipement des ménages. A fin 1990, un ménage sur quatre sera équipé d'un four à micro-ondes.

Maintenant écrivez huit phrases pour donner votre réaction.

1. _____
2. _____
3. _____
4. _____
5. _____
6. _____
7. _____
8. _____

SECTION 2 / *Je doute que tu en aies besoin*

FONCTION

ACTIVITE 1: Voici des expressions qu'on utilise pour demander et donner une opinion et pour demander et donner des conseils. Complétez chaque expression avec les mots qui manquent.

Demander une opinion

1. _____ vous en pensez?
2. Donnez-m'en votre _____!
3. Ça _____ intéresse?
4. Ça vous _____?

Donner son opinion

5. Ça ne _____ rien.
6. Ça ne _____ pas.
7. Je _____ que c'est vrai.
8. Il est _____ que ça soit vrai.

Demander des conseils

9. Tu _____ ton avis?
10. J'ai _____ à te demander.
11. _____ je dois faire?

Donner des conseils

12. _____ de prendre le métro.
13. J'ai un conseil _____.
14. _____ acheter une mobylette?

ACTIVITE 2: Dans les petites scènes ci-dessous, la première personne demande des conseils et la deuxième lui en donne. Complétez chaque mini-dialogue avec une expression différente.

MODELE: —Je ne sais pas si je dois acheter un nouveau vélo ou une moto. Tu pourrais me donner ton avis?

—Tu as pensé à acheter une mobylette?

1. —Ma voiture est en panne *(broken down)* et je n'ai pas assez d'argent pour la faire réparer. Qu'est-ce que je dois faire?

— _____

2. — _____

—J'ai un conseil à te donner… Il est temps que tu penses à l'environnement.

3. —Je voudrais bien ton avis. On m'a offert un emploi cet été dans une colonie de vacances où on offre des programmes écologistes pour les enfants. Malheureusement on ne paie pas très bien.

— _____

4. —J'ai un conseil à te demander. On m'a demandé de voter pour les candidats du Parti Vert. Qu'est-ce que tu en penses?

— _____

5. — _____

—Si tu veux un conseil, tu ferais mieux de demander à quelqu'un d'autre. Moi, je n'en sais rien.

STRUCTURE

PREPARATION: Les verbes irréguliers au subjonctif

As explained in section 1 of this chapter, certain verbs are irregular in the present subjunctive. These verbs are of three types:

1. verbs whose subjunctive is formed by adding the regular subjunctive endings to one of two stems. These verbs include **boire, croire, devoir, envoyer, mourir, prendre, recevoir, tenir, venir,** and **voir.**

2. verbs whose subjunctive is formed from a single present-tense subjunctive stem, to which the regular endings are added. These verbs include **faire, pouvoir, savoir,** and **vouloir.**

3. verbs whose subjunctive is formed from two present-tense subjunctive stems. These verbs include **aller, avoir,** and **être.**

ACTIVITE 3: Donnez la forme correcte du subjonctif de chaque verbe. Vérifiez vos réponses dans l'appendice.

1. avoir: que tu _____
2. être: que nous _____
3. faire: que vous _____
4. aller: qu'il _____
5. savoir: qu'ils _____
6. venir: que nous _____
7. vouloir: que tu _____
8. prendre: que je _____
9. avoir: que vous _____
10. pouvoir: que tu _____
11. être: qu'il _____
12. aller: que nous _____

PRATIQUE: Le Subjonctif (exprimer la nécessité, le doute et l'incertitude)

ACTIVITE 4: Lisez la liste d'expressions ci-dessous. Si on utilise le subjonctif après une expression, écrivez S. Si on utilise l'indicatif ou l'infinitif, écrivez I.

La nécessité

_____ 1. Il faut que...

_____ 2. Je dois...

_____ 3. Il est nécessaire que...

_____ 4. J'ai besoin de...

_____ 5. Il est essentiel que...

_____ 6. Il vaut mieux que...

Le doute et l'incertitude

_____ 7. Je doute que...

_____ 8. Il est probable que...

_____ 9. Etes-vous sûr que...

_____ 10. Je ne pense pas que...

_____ 11. Il est évident que...

_____ 12. Il me semble que...

_____ 13. Il est certain que...

_____ 14. Je ne crois pas que...

_____ 15. On dirait que...

_____ 16. Je pense que...

_____ 17. Il semble que...

_____ 18. Il se peut que...

ACTIVITE 5: Donnez votre opinion en ce qui concerne les transports publics. Ecrivez des phrases complètes avec les éléments donnés. N'oubliez pas d'employer le subjonctif si c'est nécessaire. A la fin de l'activité, relisez les phrases et indiquez si, d'après vous, elles sont vraies ou fausses.

MODELE: Je ne crois pas que / les transports publics sont plus écologiques que les voitures.

___F___ Je ne crois pas que les transports publics soient plus écologiques que les voitures.

_____ 1. Il est regrettable / les voitures / être si polluantes.

_____

_____

_____ 2. Je suis certain(e) / la voiture / être plus confortable et plus rapide.

_____

_____

_____ 3. Il est essentiel / je / pouvoir aller où je veux, quand je veux.

_____

_____

_____ 4. Je pense / on / devoir prendre le moyen de transport le plus rapide et le plus confortable.

_____

_____

_____ 5. Ce n'est pas la peine / nous / essayer de protéger l'environnement.

_____

_____

_____ 6. Je ne suis pas convaincu(e) / les centrales *(power stations)* nucléaires / favoriser l'environnement.

_____

_____

_____ 7. Il est essentiel / nous / maintenir un équilibre entre l'écologie et le confort.

_____

_____

_____ 8. Il est important / nous / se servir du moyen de transport le moins polluant.

_____

_____

_____ 9. Il me semble / les voitures électriques / offrir la meilleure solution.

_____

_____

_____ 10. Il est hors de doute / on / pouvoir trouver de bonnes solutions.

_____

_____

ACTIVITE 6: Que savez-vous du groupe Greenpeace? du parti politique Les Verts? Complétez les phrases suivantes, ensuite indiquez si les phrases 1 à 8 sont vraies ou fausses et répondez aux questions 9 à 12.

Que savez-vous du groupe écologiste Greenpeace?

_____ 1. Il se peut que Greenpeace _____(être) une association internationale.

_____ 2. Je ne pense pas que des gens à Vancouver _____ (s'intéresser) à Greenpeace, malgré le fait qu'on y a fondé ce groupe écologiste en 1971.

_____ 3. Je ne suis pas convaincu que les membres de l'organisation _____ (s'opposer) aux essais nucléaires en mer.

_____ 4. Il est douteux que l'organisation _____ (s'opposer) aux rejets *(dumping)* en mer ou à la chasse des baleines.

Que savez-vous du parti politique Les Verts?

_____ 5. Il est possible que Les Verts _____ (constituer) un parti politique.

_____ 6. Je suis certain que les membres de la Confédération écologiste _____ (se réunir) avec le Parti écologiste pour fonder Les Verts.

_____ 7. Etes-vous certain que le but _____ (être) d'élaborer un projet de société écologiste et œuvrer pour sa réalisation?

_____ 8. Je pense qu'ils _____ (se rassembler) autour du constat: «Nous n'avons qu'une seule Terre.»

Et vous, qu'est-ce que vous en pensez?

9. Pensez-vous qu'on _____ (pouvoir) protéger

l'environnement?

_____

10. Croyez-vous qu'on _____ (avoir) le droit de négliger

l'environnement pour maintenir la qualité de la vie?

_____

11. Personnellement, doutez-vous qu'on _____ (vouloir)

détruire la planète?

_____

12. Est-il préférable que nous _____ (apprendre) à préserver la

qualité de la vie tout en préservant la planète?

_____

SECTION 3 / *Conséquences écologiques*

FONCTION

ACTIVITE 1: Alerte au Labrador! Cet article, du magazine canadien *PLEIN AIR,* traite du conflit entre les militaires et les écologistes. Lisez-le, ensuite donnez vos opinions et vos réactions en faisant les activités.

Alerte au Labrador

On militarise le Nord canadien; on fait sauter *(blow up)* les montagnes du Labrador et tout ça pour assurer la souveraineté canadienne sur ces territoires. Saviez-vous qu'on va construire 36 stations radar à courte portée sur les sommets des plus belles montagnes de l'est canadien? Nous avons rencontré dans les montagnes des ingénieurs qui préparaient les plans et devis *(estimates)*. Ils nous racontaient qu'on ferait sauter de 10 à 15% des sommets afin de les rendre planes et être ainsi capables de recevoir les stations radar. Le tout au nom de notre souveraineté sur ces grands territoires nordiques... comme s'il n'existait pas autres moyens pour assumer cette souveraineté. Je pense, par exemple, au développement de l'industrie touristique. Avec des sommes pareilles, je crois qu'une industrie plus écologique, plus rentable à long terme et beaucoup plus humaine est facile à imaginer. Je vous demande de photocopier cet article et d'écrire au Premier Ministre ou au Ministre de l'environnement Canada afin de leur demander une véritable étude d'impact environnemental et qu'en attendant, on stoppe les travaux militaires.

A. Donnez un résumé de l'article en deux ou trois phrases.

_____

_____

_____

_____

B. Ecrivez cinq phrases pour donner votre opinion du problème. Dans chaque phrase utilisez une expression différente d'émotion, de nécessité ou de doute.

1. _____

2. _____

3. _____

4. _____

5. _____

C. Pensez-vous qu'il y ait une bonne solution au problème? Décrivez ci-dessous ce qui est, d'après vous, la meilleure façon de résoudre le problème.

_____

_____

_____

STRUCTURE

PREPARATION: Les Conjonctions et le subjonctif

Conjunctions are words that are used to connect two words, phrases, or clauses and to relate one set of ideas to another. In the sentence you just read, there were two conjunctions. Circle them.

ACTIVITE 2: Mettez ensemble les conjonctions en anglais dans la liste à gauche avec la conjonction française équivalente dans la liste à droite. Vérifiez vos réponses dans l'appendice.

a.	although	_____ 1.	à moins que
b.	after	_____ 2.	après avoir, après être
c.	and	_____ 3.	avant de, avant que
d.	because	_____ 4.	avec
e.	before	_____ 5.	et
f.	but	_____ 6.	jusqu'à ce que
g.	or	_____ 7.	mais
h.	unless	_____ 8.	ou
i.	until	_____ 9.	parce que
j.	with	_____10.	quoique
k.	without	_____11.	sans

PRATIQUE: Les Conjonctions et le subjonctif

ACTIVITE 3: Que feriez-vous dans une situation pareille? Complétez chaque début de phrase selon vos propres idées.

1. Je ferai du camping sauvage avec vous à condition que...

    _____

2. Je manifesterai pour les transports publics afin que...

    _____

3. Je voterai pour les Verts à moins que...

    _____

4. Je prendrai le bus ou le métro sans que...

    _____

5. Je participerai aux programmes de recyclage pour que...

    _____

6. Je continuerai à conduire ma voiture quoique...

    _____

7. J'emporterai mes provisions dans des sacs en papier au lieu d'utiliser des sacs en plastique de peur que...

    _____

8. Je donnerai de l'argent pour la protection environnementale avant que...

    _____

ACTIVITE 4: Récrivez les phrases 1 à 3 de l'activité 3 ci-dessus en remplaçant l'expression *conjonction* + **que** par l'expression *conjonction* + **de**.

1. _____

    _____

2. _____

    _____

3. _____

    _____

ACTIVITE 5: Lisez cet article du magazine *PLEIN AIR.*

A. Relisez l'article et trouvez-y deux exemples du subjonctif.

Deux guides naturalistes interprètent Charlevoix

Reconnue comme Réserve mondiale de la biosphère, la région de Charlevoix offre au randonneur une grande diversité géologique.

Au début des années 1980, François Lessard travaillait comme technicien forestier. Son travail l'amenait souvent à parcourir le parc des Grands Jardins, îlot de taïga nordique dans Charlevoix. Il s'étonnait à chaque fois qu'un endroit aussi riche et majestueux, à une heure environ de Québec, soit si peu connu de la population. Il y a trois ans, François et un ami, Martin Bouchard, décident de faire quelque chose. Ils quittent leur emploi et créent, à Baie-Saint-Paul, Randonnées Nature-Charlevoix inc, une entreprise spécialisée dans les randonnées guidées.

«Notre approche est globale», explique François. «Nous considérons Charlevoix comme un immense centre d'interprétation de la nature. Notre objectif est de rendre accessible la géologie, la faune, la flore, le climat et l'histoire humaine de cette riche région où se côtoient la plupart des grands écosystèmes de Québec.» Le visiteur apprend beaucoup, y compris le fait qu'environ 90% de la région habitée de Charlevoix se situe à l'intérieur du point de chute d'une météorite qui aurait frappé l'endroit il y a 350 millions d'années. Les clients viennent surtout de Québec, de Montréal, et de plus en plus, d'Europe. Ils sont ravis de trouver sur un territoire relativement restreint une multitude de points d'intérêt. «Les gens sont surpris qu'il y ait tant de choses à voir», souligne François.

B. Ecrivez un petit résumé de six phrases pour expliquer ce que vous avez appris. Utilisez la construction *conjonction* + *le subjonctif* dans chaque phrase.

1. _____

   _____

2. _____

   _____

3. _____

   _____

4. _____

   _____

5. _____

   _____

6. _____

   _____

NOM: _____

COURS: _____

DATE: _____

Chapitre 8
Donner son opinion

| SECTION 1 | *Ne pensez-vous pas que j'aie raison?* |

FONCTION

ACTIVITE 1: Vous allez entendre plusieurs petits échanges qu'on va lire une fois chacun. Pour chaque échange, indiquez si la deuxième personne a une opinion positive (P) ou négative (N) de l'objet en question.

MODELE: *Vous entendez:* —Qu'est-ce que tu penses des fours à micro-ondes?

—Je ne pense pas qu'ils soient nécessaires.

Vous écrivez: ___N___

1. _____ 2. _____ 3. _____ 4. _____ 5. _____ 6. _____ 7. _____ 8. _____

ACTIVITE 2: Ecoutez la scène, puis identifiez l'idée principale et vérifiez les détails et les expressions. On va lire la scène une seule fois; il sera peut-être nécessaire de l'écouter plusieurs fois afin de répondre aux questions.

A. De quoi s'agit-il?

1. Le langage est _____ formel. _____ familier.

2. Le ton de la scène est _____ léger. _____ poli et respectueux. _____ sérieux. _____ familier.

3. Caroline rapporte _____ des faits. _____ des opinions. _____ des faits et des opinions.

4. Yves rapporte _____ des faits. _____ des opinions. _____ des faits et des opinions.

B. Choisissez le(s) meilleur(s) résumé(s) du passage. Ensuite, expliquez votre (vos) choix en une ou deux phrases.

_____ 1. Caroline pense que la publicité à la télé crée une société de consommateurs, ce qui mène au gaspillage *(squandering)* de ressources.

_____ 2. Caroline et Yves ne sont pas d'accord en ce qui concerne la consommation d'énergie et l'utilisation des ressources.

_____ 3. Yves ne pense pas que le confort soit une mauvaise chose.

_____

_____

_____

C. Indiquez si les phrases suivantes sont vraies (V) ou fausses (F).

_____ 1. Yves pense qu'on doit développer d'autres sources d'énergie.

_____ 2. Caroline favorise les centrales nucléaires.

_____ 3. Caroline pense qu'on doit éliminer la publicité à la télévision.

_____ 4. Yves est contre toute émission *(program)* télévisée.

_____ 5. Caroline pense que le but de chaque société est de rendre la vie plus facile.

_____ 6. Yves pense que les jeunes passent trop de temps à regarder la télé.

_____ 7. Caroline pense qu'à cause de la publicité à la télé, les jeunes veulent posséder ce dont ils n'ont pas besoin.

_____ 8. Yves pense que les écologistes n'ont pas toujours raison.

D. Ecoutez la scène encore une fois, puis complétez les phrases avec les expressions qu'on utilise pour exprimer son opinion et pour parler de ses émotions.

Pour exprimer son opinion

1. _____ , les écologistes vont parfois un peu trop loin.

2. _____ il faudrait développer l'énergie solaire et, en même temps, construire des centrales nucléaires.

3. _____ ce problème est fondamental.

4. _____ , il ne faudrait pas enseigner à nos enfants à devenir des consommateurs de produits dont ils n'ont pas besoin.

Pour parler de ses émotions

5. _____ que cela soit vrai. Tu en es certaine?

6. _____ que tu aies des opinions pareilles.

7. _____ que tu n'aimes pas la télé.

STRUCTURE

PRATIQUE: Le Subjonctif (exprimer les opinions, les désirs et les émotions)

ACTIVITE 3: Vous allez entendre une liste de verbes. Indiquez si chaque verbe est à l'indicatif (I) ou au subjonctif (S). On va lire chaque verbe une fois.

MODELE: *Vous entendez:* … qu'ils soient à l'heure.

Vous écrivez: _____S_____

1. _____ 3. _____ 5. _____ 7. _____ 9. _____ 11. _____

2. _____ 4. _____ 6. _____ 8. _____ 10. _____ 12. _____

ACTIVITE 4: Vous allez entendre une phrase suivie d'une expression. Mettez-les ensemble. Après chaque phrase, vous allez entendre la réponse correcte.

MODELE: *Vous entendez:* Nous n'allons pas tous ensemble en pique-nique.
Je regrette que…

Vous dites: Je regrette que nous n'allions pas tous ensemble en pique-nique.

Vous entendez: Je regrette que nous n'allions pas tous ensemble en pique-nique.

SECTION 2 / *Je doute que tu en aies besoin*

FONCTION

ACTIVITE 1: Vous allez entendre plusieurs expressions. On va les lire une fois. Indiquez si on utilise chaque expression pour demander des conseils (DEM) ou pour donner des conseils (DON).

MODELE: *Vous entendez:* Qu'est-ce que je dois faire?

Vous écrivez: _____DEM_____

1. _____ 2. _____ 3. _____ 4. _____ 5. _____ 6. _____ 7. _____ 8. _____ 9. _____

ACTIVITE 2: Dans cette scène, Roger veut acheter une voiture et il discute avec son ami Etienne. Sur la cassette, on va lire le dialogue une seule fois; il sera peut-être nécessaire de l'écouter plusieurs fois afin de répondre aux questions. Maintenant écoutez le dialogue, puis faites les activités.

A. Décrivez la conversation.

1. Le langage est _____ formel. _____ familier. _____ formel et familier.

2. Le ton de la scène est _____ léger. _____ poli et réservé. _____ sarcastique. _____ familier.

B. Ecoutez la scène encore une fois, puis complétez ce résumé avec vos propres mots.

Roger veut acheter _____ , plus exactement une

_____ mais son ami Etienne

essaie de le déconseiller. Etienne affirme qu'on doit

_____ . Etienne suggère

_____ mais Roger remarque que

_____ .

C. Ecoutez la scène encore une fois, puis vérifiez votre compréhension en répondant aux questions.

1. Quelles raisons Roger donne-t-il pour acheter une voiture? Etes-vous d'accord avec lui?

_____

_____

2. Etienne, comment trouve-t-il Roger? Connaissez-vous quelqu'un comme Roger?

_____

_____

3. Comment trouvez-vous Etienne? Connaissez-vous quelqu'un comme Etienne?

_____

_____

4. Dans le dialogue, on parle de deux sources d'énergie. Lesquelles? Selon Roger, est-ce qu'elles sont également polluantes? Et d'après Etienne?

_____

_____

5. A votre avis, quelle source d'énergie offre la meilleure solution? Pourquoi?

_____

_____

D. Dans le dialogue, on donne plusieurs conseils. Complétez chaque phrase par l'expression qu'on utilise.

1. _____ penser à l'environnement.

2. _____ tu te rendes compte de la pollution et du gaspillage du pétrole!

3. _____ considérer une voiture électrique, par exemple.

E. Dans le dialogue, on donne son opinion plusieurs fois. Complétez chaque expression d'après le dialogue.

1. _____ comme gentleman, moi.

2. Oui, mais _____ la chose la plus importante.

3. _____ le confort qui compte.

STRUCTURE

PRATIQUE: Les Verbes irréguliers au subjonctif

ACTIVITE 3: L'histoire que vous allez entendre a lieu chez le concessionnaire *(dealer)* de voitures, où Marc se renseigne sur les nouveaux modèles. Son amie Catherine l'accompagne. Ecoutez ce que dit le représentant et ce que pense Catherine. Puis complétez chaque phrase avec les expressions qui manquent. Arrêtez la cassette pendant que vous écrivez si c'est nécessaire. Vous allez entendre chaque partie de la scène deux fois. A la fin de la scène, donnez un résumé en répondant aux questions.

MODELE: *Vous entendez:* Je suis certain que vous allez aimer ce modèle.

Vous écrivez: <u>Je suis certain que vous allez</u> aimer ce modèle.

1. _____ la consommation d'essence de chaque modèle.

2. Oui, _____ un modèle plus économique.

3. _____ à l'entretien. Ce modèle a une très bonne réputation.

4. Quand même, _____ assez d'argent pour obtenir un emprunt *(a loan)*.

5. _____ la couleur très à la mode.

6. A mon avis, _____ la couleur _____

vraiment importante.

7. _____ une autre aussi rapide.

8. _____ la vitesse _____

pour grand chose?

9. _____ cette voiture vous _____ à

merveille.

10. _____ tort et _____

une grande faute.

Selon le représentant, pourquoi est-ce que Marc doit acheter ce modèle?

_____

_____

_____

Selon Catherine, pourquoi ne doit-il pas l'acheter?

_____

_____

_____

ACTIVITE 4: Vous allez entendre une phrase suivie d'une expression. Mettez ensemble la phrase et l'expression en faisant très attention à la forme du verbe. Après chaque phrase, vous allez entendre la réponse correcte.

MODELE: *Vous entendez:* Tu veux une nouvelle voiture. Il est peu probable que…

Vous dites: Il est peu probable que tu veuilles une nouvelle voiture.

Vous entendez: Il est peu probable que tu veuilles une nouvelle voiture.

PHONETIQUE: [j] et [w]

The French semi-consonants [j] and [w] do not pose any problems in pronunciation. There are English sounds that are pronounced in exactly the same way: Pronounce [j] as in the first sound of the English word *yes*. Pronounce [w] as in the first sound of the English word *water*. The only difficulty lies in the French spellings that elicit the sounds.

• The letters **-ill-** and the final letters **-il** are very often pronounced [j]. For example, **le travail, tu veuilles, la famille, la jeune fille.**

• Note that the letter **y-** is also pronounced [j] in initial position: **les yeux, le yacht, la Yougoslavie.**

- Also note that the letters **-ill-** are pronounced [l] in the words **mille, ville,** and **tranquille** and in words of the same family such as **milliard, village, tranquillement.**

- The letters **oi** are very often pronounced [wa]. For example, **le roi, la loi, la foi, je dois, moi.**

ACTIVITE 5: Répétez les mots et les expressions qui suivent.

pareil	la merveille	la voiture	toi
je te conseille	pourquoi	la tranquillité	le gaspillage

1. Il est peu probable que tu veuilles une nouvelle voiture.

2. La jeune fille pense qu'on doit arrêter un travail pareil.

3. Il faut que tu ailles chez toi.

4. Nous allons voir, car le programme risque de coûter des milliards de dollars.

SECTION 3	*Conséquences écologiques*

FONCTION

ACTIVITE 1: Le passage que vous allez entendre, tiré du magazine canadien *PLEIN AIR,* s'adresse à un problème qu'on connaît partout aux Etats-Unis et au Canada. Ecoutez le passage, puis vérifiez l'idée principale, les détails et les expressions importantes. Sur la cassette, on va lire le texte une seule fois; il sera peut-être nécessaire de l'écouter plusieurs fois afin de répondre aux questions.

A. Décrivez le passage.

1. Le langage est _____ formel. _____ familier.

2. Le ton du passage est _____ léger. _____ poli mais amusé. _____ familier. _____ sérieux.

B. Expliquez l'idée centrale du passage en répondant aux questions suivantes.

1. De quel problème s'agit-il?

   _____

2. Du point de vue du passage, est-ce que c'est un grand problème?

   _____

3. Qu'est-ce qu'on peut faire pour éliminer le problème?

   _____

   _____

C. Pour bien vérifier votre compréhension, répondez aux questions suivantes.

1. Combien de plastique est-ce que le Canadien moyen jette chaque année?

_____

2. En quoi est-ce que la compagnie Outdoor Gear Canada se spécialise? Quels genres et quelles marques d'équipement offrent-ils?

_____

_____

3. Qu'est-ce que la compagnie Outdoor Gear Canada a décidé de faire?

_____

4. Qu'est-ce qu'ils veulent rappeler au consommateur?

_____

5. Où est-ce qu'ils suggèrent que vous mettiez vos achats?

_____

6. Comment est-ce qu'on peut obtenir les affiches?

_____

D. Donnez votre réaction au programme d'Outdoor Gear Canada en trois ou quatre phrases. Utilisez chaque fois une expression différente d'opinion, de nécessité ou d'émotion.

_____

_____

_____

_____

STRUCTURE

PRATIQUE: Les Conjonctions et le subjonctif

ACTIVITE 2: Ecoutez cette version du passage de l'activité 1, puis complétez chaque phrase avec les expressions qui manquent. Faites très attention aux conjonctions et aux formes des verbes. Vous allez entendre chaque phrase deux fois. N'oubliez pas d'arrêter la cassette pendant que vous écrivez.

1. Chaque année, le Canadien moyen jette beaucoup de plastique

_____.

2. _____ polluer, le plastique pose un

problème sérieux.

3. _____ de ne pas en utiliser, la

quantité de plastique équivaudrait à son propre poids.

4. _____ réduire la quantité de

plastique, la compagnie Outdoor Gear Canada a décidé de faire quelque chose.

5. La compagnie a produit une affiche intitulée: «Pas de sac, S.V.P.» _____

_____.

6. _____ le problème,

la compagnie Outdoor Gear Canada distribue les affiches dans son réseau

pancanadien de boutiques.

7. L'objectif est de rappeler au consommateur qu'il n'a pas besoin de

sac_____

_____.

8. _____,

la compagnie les mettra à la disposition des consommateurs.

ACTIVITE 3: Vous allez entendre une phrase suivie d'une conjonction et d'une deuxième proposition. Mettez-les ensemble en faisant très attention à la forme du verbe. Après chaque phrase, vous allez entendre la réponse correcte.

MODELE: *Vous entendez:* Le mouvement écologiste aura un impact…

quoique / tout le monde ne choisit pas d'y participer

Vous dites: Le mouvement écologiste aura un impact quoique tout le monde ne choisisse pas d'y participer.

Vous entendez: Le mouvement écologiste aura un impact quoique tout le monde ne choisisse pas d'y participer.

SCENARIO

Luc Besson est le cinéaste français qui a tourné le film *Le Grand Bleu*. Il a récemment terminé un nouveau projet intitulé *Atlantis*. Ce nouveau projet traite de l'univers sous-marin et des dégâts causés par l'homme. Dans le passage tiré du magazine français *Le Point*, vous allez entendre un reportage sur les conséquences écologiques de l'exploitation marine. On va lire la scène une seule fois; il sera peut-être nécessaire de l'écouter plusieurs fois afin de répondre aux questions.

A. Tout en écoutant, notez les détails suivants afin de répondre aux questions dans la partie B.

1. Le titre du nouveau film de Luc Besson est _____

2. En tournant le nouveau film, Besson a remarqué _____

_____

3. Voici d'autres exemples de ce phénomène:

_____

_____

_____

_____

B. Pour bien vérifier ce que vous avez compris, indiquez si les phrases suivantes sont vraies ou fausses.

_____ 1. Luc Besson a constaté l'incroyable beauté de l'univers sous-marin et il veut faire partager cette beauté à son public.

_____ 2. Les plongeurs ont assisté au massacre organisé des thons et des dauphins.

_____ 3. Le canal de Suez a échappé aux dégâts sous-marins.

_____ 4. La barrière de corail qui ceinture l'Australie porte des marques des pétroliers.

_____ 5. En Nouvelle-Calédonie, c'est l'exploitation du corail qui pollue les eaux.

_____ 6. Les dégradations les plus graves sont presque toujours commises sur les côtes soumises à l'urbanisation.

_____ 7. La vie sous-marine a besoin de lumière, de chaleur et de rochers pour survivre.

_____ 8. Besson nous donne un témoignage d'un monde menacé par l'exploitation.

C. Vous allez entendre plusieurs phrases tirées de la scène; complétez les phrases avec les mots et les expressions qui manquent.

1. Dans vingt ans, on _____ tourner *Atlantis*.

2. Luc Besson a constaté l'inexorable dégradation de _____

_____.

3. Dans l'océan Pacifique, les plongeurs _____

_____ organisé des thons.

4. _____ n'est pas non plus étranger aux bouleversements de la vie aquatique de cette partie du globe.

5. L'immense barrière de corail qui ceinture l'Australie _____

_____ indélébiles des déchets des ports pétroliers.

6. En Nouvelle-Calédonie, c'est _____ qui pollue les eaux territoriales.

7. Les dégradations les plus graves sont presque toujours commises dans l'étroite zone littorale, _____.

8. La vie sous-marine a besoin de _____

_____ pour survivre.

NOM: _____

COURS: _____

DATE: _____

Chapitre 9
Faire des projets

SECTION 1 / *J'aurai une bonne situation*

FONCTION

ACTIVITE 1: Vous avez appris plusieurs façons d'indiquer ce que vous voulez ou d'exprimer vos intentions. Complétez chaque phrase avec le nombre d'expressions entre parenthèses, selon le modèle.

MODELE: Je ___voudrais___ avoir un poste qui est bien payé.

1. (3) Je (j')_____ travailler dans une grosse compagnie industrielle.

    _____

    _____

2. (2) Je _____ à trouver un travail varié qui paie bien.

    _____

3. (1) Je _____ si on m'offrait un poste en informatique.

4. (2) J' _____ de chercher un emploi tout de suite.

    _____

5. (1) Je _____ pour un poste à l'université.

ACTIVITE 2: Chacune des scènes suivantes consiste de trois lignes: la première personne dit ce qu'il (elle) est capable de faire; la deuxième personne propose un genre d'emploi, et la première réagit. Complétez chaque scène.

MODELE: —Je sais programmer un ordinateur.

—Alors pourquoi ne pas chercher un emploi dans l'industrie?

—Bonne idée. C'est exactement ce que je vais chercher.

1. —Je ne suis pas fort en mathématiques mais j'aime beaucoup les sciences.

    — _____

    — _____

2. — _____

    —Si ça vous plaît, pourquoi ne pas être vendeuse ou représentante?

    — _____

3. —Je suis douée pour les maths et j'aime bien parler avec les gens.

— _____

— _____

4. — _____

— _____

—Cette profession ne m'intéresse pas du tout.

STRUCTURE

PREPARATION: Le Futur immédiat

In French, the future may be expressed with the present tense. Notice the use of the expressions **ce soir** and **mardi** combined with the present tense to describe future actions.

Alors, tu viens ce soir?

Je pars mardi.

In conversation, the immediate future is used most often. It is formed using a conjugated form of the verb **aller** plus an infinitive.

	sujet +	**aller +**	*infinitif*
Je	vais	venir	à la conférence.
Tu	vas	chercher	quelque chose de branché *(something trendy)*?
Il/elle/on	va	travailler	chez Danone.
Nous	allons	terminer	nos études l'année prochaine.
Vous	allez	être	au chômage.
Ils/elles	vont	chercher	un travail varié.

ACTIVITE 3: Les phrases ci-dessous sont au présent. Récrivez chaque phrase au futur proche en utilisant le verbe **aller** + l'infinitif. Ensuite vérifiez vos réponses dans l'appendice.

1. Je termine mes études le semestre prochain.

   _____

2. Nous ne travaillons pas le week-end.

   _____

3. Elle travaille dans une grosse compagnie industrielle.

   _____

4. Tu obtiens quelque chose de branché.

   _____

5. Ils ne cherchent pas de travail tout de suite.

   _____

6. Vous élargissez votre horizon.

_____

7. Il n'est pas au chômage.

_____

8. Elles ont un travail routinier.

_____

PRATIQUE: Le Futur

ACTIVITE 4: Quelles sont les professions que cherchent les jeunes? Complétez chaque phrase par la forme correcte du verbe au futur.

1. 14% _____ (chercher) un emploi dans le commerce et l'artisanat.

2. 13% _____ (avoir) un emploi dans les médias et la publicité.

3. 10% _____ (choisir) la mode.

4. 10% _____ (faire) quelque chose d'artistique.

5. 9% _____ (être) dans l'informatique.

6. 7% _____ (pouvoir) travailler en médecine.

7. 7% _____ (s'intéresser) à faire des recherches scientifiques.

8. 6% _____ (recevoir) un diplôme technique.

9. 6% _____ (vouloir) être dans l'administration.

10. 6% _____ (devoir) avoir de l'aide sociale.

11. 5% _____ (aller) trouver un poste dans l'enseignement.

12. 6% _____ (être) dans les services militaires.

13. 7% _____ (tenir) à obtenir un emploi dans l'industrie.

ACTIVITE 5: Quel genre d'emploi est-ce que chaque personne aura? Lisez le petit résumé, ensuite utilisez les éléments pour écrire une description de chaque poste. N'oubliez pas d'employer le futur. Quand vous aurez terminé, relisez les descriptions et choisissez le poste qui vous intéresse le plus.

1. avoir un travail manuel; travailler indépendamment; faire de temps en temps des heures supplémentaires; gagner un bon salaire

Je (J') _____

_____

_____

2. finir les études; choisir un travail branché; avoir la possibilité d'avancement; travailler à temps partiel; faire ce qu'on veut pendant son temps libre.

   Nous _____

   _____

   _____

3. préférer un travail intellectuel; travailler indépendamment; avoir de plus en plus de responsabilités; gagner un salaire modeste.

   Ils _____

   _____

   _____

4. travailler sous la direction d'un patron; faire du travail routinier; choisir des heures flexibles; avoir des augmentations régulières.

   Tu _____

   _____

   _____

   Maintenant, relisez les descriptions ci-dessus et choisissez le poste qui vous intéresse le plus. Expliquez pourquoi il vous plaît en deux ou trois phrases.

   _____

   _____

   _____

   _____

ACTIVITE 6: Et vous? Quel genre de travail cherchez-vous? Complétez les phrases suivantes pour décrire les circonstances de votre emploi.

1. Si _____

   _____

2. Aussitôt que _____

   _____

3. Quand _____

   _____

4. Dès que _____

   _____

5. Lorsque _____

   _____

SECTION 2	*Je peux t'aider?*

FONCTION

ACTIVITE 1: Voici une liste d'expressions pour offrir de l'aide. Mettez ensemble chaque commencement de phrase de la liste de gauche avec une terminaison appropriée de la liste de droite.

1. Vous voulez que   _____   a. t'aider, tu sais.

2. Si vous voulez,   _____   b. je fasse pour vous aider?

3. Qu'est-ce que   _____   c. je pourrais t'aider.

4. Si cela vous aide,   _____   d. je veux bien m'en charger.

5. Que voulez-vous que   _____   e. je peux faire pour vous?

6. Je pourrais   _____   f. je vous aide?

7. Si cela peut te rendre service,   _____   g. je le ferai tout de suite.

ACTIVITE 2: Voici des expressions pour accepter ou refuser de l'aide. Complétez les expressions avec les mots qui manquent, ensuite indiquez si vous utiliserez ces expressions pour accepter (A) ou pour refuser (R) de l'aide.

___A___ 1. Oui, _____ merci _____
mille fois.

_____ 2. C'est _____ mais je peux le
_____ moi-même.

_____ 3. Merci _____ débrouillerai.

_____ 4. _____ plaisir!

_____ 5. _____ quand même.

_____ 6. C'est très _____
de votre _____.

_____ 7. Merci mais _____
nécessaire.

_____ 8. _____ êtes _____
gentil(le).

STRUCTURE

PREPARATION: Les verbes irréguliers **vouloir, pouvoir, devoir**

The verbs **vouloir, pouvoir,** and **devoir** are often used to offer, accept, and refuse help. Study the following conjugations.

vouloir	**pouvoir**	**devoir**
je veux	je peux	je dois
tu veux	tu peux	tu dois
il/elle/on veut	il/elle/on peut	il/elle/on doit
nous voulons	nous pouvons	nous devons
vous voulez	vous pouvez	vous devez
ils/elles veulent	ils/elles peuvent	ils/elles doivent

Passé composé: j'ai voulu   j'ai pu   j'ai dû
Futur: je voudrai   je pourrai   je devrai

ACTIVITE 3: Complétez les expressions avec la forme correcte du verbe **vouloir, pouvoir,** ou **devoir.** Vérifiez vos réponses dans l'appendice.

1. Tu _____ que je parle à mon directeur?

2. Il _____ t'aider, tu sais.

3. Je _____ dire deux mots au patron.

4. Qu'est-ce que vous _____ faire pour moi?

5. Ils ne _____ rien garantir mais…

6. C'est gentil. Merci quand même. Je _____ le faire moi-même.

7. C'est gentil mais vous ne _____ le faire pour moi.

8. Je _____ le faire.

PRATIQUE: Le Futur anterieur

ACTIVITE 4: Lisez la liste ci-dessous et ajoutez-y six projets d'avenir. Ensuite, choisissez des paires d'événements et écrivez une phrase pour décrire leur rapport. Utilisez le futur antérieur et le futur d'après le modèle.

    MODELE**:** finir mes études / chercher un emploi

        Quand j'aurai fini mes études, je chercherai un emploi.

finir mes études	prendre la retraite	obtenir une promotion
me marier	avoir des enfants	acheter une maison
suivre des cours	choisir une carrière	déménager à…

_____   _____   _____

_____   _____   _____

1. _____

2. _____

3. _____

4. _____

5. _____

6. _____

7. _____

8. _____

ACTIVITE 5: Relisez vos phrases de l'activité 4 ci-dessus et récrivez-en cinq en utilisant des conjonctions, d'après les modèles.

MODELES: Lorsque…

Lorsque j'aurai fini mes études, je chercherai un emploi.

Dès que…

Dès que tu auras passé ton bac, tu pourras faire ce que tu veux.

1. Quand… _____

_____

2. Lorsque… _____

_____

3. Dès que… _____

_____

4. Aussitôt que… _____

_____

5. Après que… _____

_____

SECTION 3 / *Comment réussir?*

FONCTION

ACTIVITE 1: Il y a beaucoup de spécialisations à l'université. Certaines ont un rapport assez étroit avec les postes et la vie de tous les jours, tandis que d'autres semblent avoir moins d'utilité.

1. Quelle est votre spécialisation? Quels cours suivez-vous au moment actuel?

_____

2. Pensez aux cours que vous suivez au moment actuel, que vous avez suivis récemment ou que vous devez suivre pour obtenir votre diplôme.

a. Faites une liste des spécialisations qui sont pratiques, ou qui ont un rapport immédiat avec la vie de tous les jours.

_____ _____

_____ _____

_____ _____

b. Faites une deuxième liste de spécialisations qui sont moins pratiques mais qui pourraient tout de même être très intéressantes.

_____ _____

_____ _____

_____ _____

3. Pensez aux devoirs. A votre avis, est-ce que les devoirs sont utiles? A quoi servent-ils? Quel genre de devoirs préférez-vous? Quel genre ne vous plaît pas?

_____

_____

_____

4. Le passage que vous allez lire dans votre texte décrit une jeune fille, Josyane, qui fait des analyses grammaticales pour un de ses cours. D'après plusieurs de ses camarades, l'analyse grammaticale ne sert à rien, mais Josyane aime les devoirs qui ont l'air de ne servir à rien. Est-ce qu'il y a des devoirs qui vous plaisent? Que pensez-vous des devoirs répétitifs et qui ont l'air de ne servir à rien?

_____

_____

_____

STRUCTURE

PREPARATION: Les verbes irréguliers en -ir

Certain verbs ending in **-ir** follow differing conjugation patterns. Compare these conjugations with that of regular **-ir** verbs.

	choisir	**partir**	**ouvrir**
je	choisis	pars	ouvre
tu	choisis	pars	ouvres
il/elle/on	choisit	part	ouvre
nous	choisissons	partons	ouvrons
vous	choisissez	partez	ouvrez
ils/elles	choisissent	partent	ouvrent
Passé composé	j'ai choisi	je suis parti(e)	j'ai ouvert
Futur	je choisirai	je partirai	j'ouvrirai

Conjugated like **partir: sortir, dormir, servir, mentir, sentir**.

Conjugated like **ouvrir: souffrir, couvrir, découvrir, ceuillir**.

ACTIVITE 2: Conjuguez les verbes suivants au présent, puis vérifiez vos réponses dans l'appendice.

1. tu / partir _____
2. tu / finir _____
3. tu / souffrir _____
4. il / maigrir _____
5. il / ceuillir_____
6. il / mentir_____
7. nous / ouvrir _____
8. nous / grossir_____

9. nous / sentir _____
10. elles / sortir_____
11. elles / choisir _____
12. elles / découvrir_____
13. vous / souffrir_____
14. vous / dormir _____
15. vous / rougir_____

PRATIQUE: La Voix passive

ACTIVITE 3: Lisez les phrases suivantes et indiquez si chacune est à la voix active (A) ou à la voix passive (P). Ensuite, si la phrase est à la voix active, récrivez-la à la voix passive. Si la phrase est à la voix passive, récrivez-la à la voix active. Quand vous aurez fini, relisez les sept phrases et donnez un résumé du problème et de sa solution.

MODELE: ___A___ David et Marianne obtiendront les meilleurs postes.

Les meilleurs postes seront obtenus par David et Marianne.

_____ 1. Les meilleurs postes ne sont pas annoncés dans les journaux.

_____

_____ 2. Les jeunes ont discuté ce problème avec les patrons.

_____

_____ 3. Les PDG *(CEOs)* des grandes sociétés industrielles contrôlent la situation économique.

_____

_____ 4. Le PDG a offert des emplois aux jeunes.

_____

_____ 5. Le travail a été fait par les jeunes travailleurs.

_____

_____ 6. Le patron a été très impressionné par leur travail.

_____

_____ 7. Les PDG n'ont pas été déçus par le travail des jeunes.

_____

Donnez un résumé du problème et de la solution.

_____

_____

_____

_____

ACTIVITE 4: D'après vous, quel effet est-ce que la Communauté européenne aura sur la disponibilité des postes, la préparation des jeunes et l'achat des marchandises à l'étranger? Ecrivez les réponses aux questions suivantes de quatre façons. Donnez une réponse à la voix active, une à la voix passive, une avec le pronom **on** et une avec un verbe réfléchi.

MODELE: Qui achètera les voitures françaises dès qu'on pourra acheter des modèles allemands?

a.	à la voix active	Les Français achèteront toujours les voitures françaises.
b.	à la voix passive	Les voitures françaises seront achetées par les Français.
c.	avec **on**	En France, on achètera ces voitures.
d.	avec un verbe réfléchi	Les voitures s'achèteront toujours en France.

1. Qui offrira les postes aux gens qui ne parlent qu'une langue?

    a. à la voix active   Personne ne…

_____

    b. à la voix passive   Les postes…

_____

    c. avec **on**   On…

_____

    d. avec un verbe réfléchi   Les postes ne s'…

_____

2. Si une grosse compagnie industrielle allemande cherche un(e) employé(e), comment est-ce qu'elle annoncera le poste?

    a. à la voix active   Le directeur du personnel…

_____

    b. à la voix passive   Le poste…

_____

    c. avec **on**   On…

_____

    d. avec un verbe réfléchi   Le poste s'…

_____

3. Qui va améliorer la situation sociale dans les pays industrialisés?

    a. à la voix active   Les réformateurs…

    _____

    b. à la voix passive   La situation sociale…

    _____

    c. avec **on**   On…

    _____

    d. avec un verbe réfléchi   Les conditions s'…

    _____

NOM: _____

COURS: _____

DATE: _____

Chapitre 9
Faire des projets

| SECTION 1 | *J'aurai une bonne situation* |

FONCTION

ACTIVITE 1: Vous allez entendre plusieurs phrases, deux fois chacune. Indiquez si on décrit des intentions (I) ou des capacités (C). Si on décrit des capacités, indiquez si on est fort (+) , moyen (M) ou nul (—) dans chaque domaine.

modele: Vous entendez: Je sais très bien programmer un ordinateur.

Vous écrivez: ____C____ ; ____+____

1. ____ ; _____ 3. _____ ; _____ 5. _____ ; _____ 7. _____ ; _____

2. ____ ; _____ 4. _____ ; _____ 6. _____ ; _____ 8. _____ ; _____

ACTIVITE 2: Dans le passage que vous allez entendre, on discute le manque de motivation parmi les travailleurs et on décrit ce que c'est que le poste idéal d'après les Français. Ecoutez le passage, puis identifiez l'idée principale et vérifiez les détails et les expressions. On va lire le passage une seule fois; il sera peut-être nécessaire de l'écouter plusieurs fois afin de répondre aux questions.

A. De quoi s'agit-il?

1 Le langage est _____ formel. _____ familier.

2. Le ton du passage est _____ léger. _____ poli et respectueux.

_____ sérieux. _____ familier.

B. Mettez les propositions suivantes en ordre logique pour donner le résumé du passage.

1. ... certains Français...   beaucoup d'autres...
la plus excitante des aventures,   ... comme...
Malgré *(in spite of)* le fait que... ... considèrent la vie
... semblent manquer de motivation. professionnelle...

_____

_____

_____

2. le travail idéal...   Pour...

    ... sans avoir l'impression de travailler.   ... est celui que...

    ... beaucoup de Français,   ... l'on accomplit

_____

_____

C. Ecoutez le passage encore une fois, puis vérifiez votre compréhension en répondant aux questions ci-dessous.

1. L'auteur du passage dit que beaucoup de Français manquent de motivation. Quels sont les trois phénomènes qu'il cite pour justifier son point de vue?

    a. _____

    b. _____

    c. _____

2. L'auteur décrit deux sortes de gens qui travaillent dans les entreprises. Décrivez-les.

    a. _____

    b. _____

3. L'auteur offre des statistiques pour confirmer que tout ne va pas bien dans les entreprises françaises.

    a. Combien de cadres souhaitent travailler dans une autre région ou une autre ville?

       _____

    b. S'ils avaient le choix, que feraient 47% des cadres d'entreprises de plus de 200 salariés?

       _____

4. L'auteur dit que d'autres dimensions que la nature intrinsèque et la rémunération du travail sont importantes. Lesquelles cite-t-il?

    a. _____

    b. _____

    c. _____

D. Comment envisagez-vous le travail? Expliquez votre point de vue en répondant aux questions suivantes.

1. Pour vous, est-ce que la vie professionnelle est ou sera une aventure?

_____

2. D'après vous, pourquoi est-ce que beaucoup de travailleurs manquent de motivation?

_____

_____

STRUCTURE

PRATIQUE: Le Futur

ACTIVITE 3: Vous allez entendre plusieurs phrases. Indiquez si le verbe est au présent (P), au futur immédiat (FI) ou au futur (F). On va lire chaque verbe une fois.

MODELE: *Vous entendez:* Je vais chercher un travail branché.

Vous écrivez: ___FI___

1. _____   3. _____   5. _____   7. _____   9. _____

2. _____   4. _____   6. _____   8. _____   10. _____

ACTIVITE 4: Vous allez entendre une phrase au futur immédiat. Dites la phrase correspondante au futur. Après chaque phrase, vous allez entendre la réponse correcte.

MODELE: *Vous entendez:* Je vais avoir un travail intéressant.

Vous dites: J'aurai un travail intéressant.

Vous entendez: J'aurai un travail intéressant.

SECTION 2 / *Je peux t'aider?*

FONCTION

ACTIVITE 1: Vous allez entendre plusieurs expressions. On va les lire une fois. Indiquez si on utilise chaque expression pour offrir de l'aide (O), pour accepter de l'aide (A) ou pour refuser de l'aide (R).

MODELE: *Vous entendez:* Si vous voulez, je pourrais vous aider.

Vous écrivez: ___O___

1. _____   3. _____   5. _____   7. _____   9. _____

2. _____   4. _____   6. _____   8. _____   10. _____

ACTIVITE 2: Dans la scène que vous allez entendre, Suzette cherche un moyen de réussir et elle discute plusieurs stratégies avec Luc. On va lire la scène une seule fois; il sera peut-être nécessaire de l'écouter plusieurs fois afin de répondre aux questions.

A. Décrivez la conversation.

1. Le langage est _____ formel. _____ familier. _____ formel et familier.

2. Le ton de la scène est _____ léger. _____ poli et réservé. _____ sarcastique. _____ familier.

B. Ecoutez la scène encore une fois, puis choisissez la phrase qui explique le mieux l'idée principale. Expliquez votre choix en une ou deux phrases.

_____ 1. On devient heureux en devenant riche.

_____ 2. Il faut du talent, une bonne éducation et un travail consciencieux pour atteindre le succès.

_____ 3. Il y a plusieurs façons d'arriver à la sécurité financière.

_____

_____

_____

C. Ecoutez la scène en faisant très attention au point de vue de Suzette, puis répondez aux questions.

1. Que veut dire Suzette dans la première phrase?

_____

2. Pourquoi dirait-elle une chose pareille?

_____

3. Quelle est la réaction de Luc?

_____

4. Etes-vous d'accord avec Suzette? avec Luc? Expliquez pourquoi.

_____

_____

D. Dans la scène, on propose quatre façons d'atteindre la sécurité financière.

1. Lesquelles? Est-ce qu'il y en a d'autres? Avez-vous déjà fait l'expérience d'une d'entre elles?

_____

_____

_____

_____

2. Laquelle est la plus juste? la plus efficace? la plus probable?

_____

_____

_____

_____

E. Dans la scène, Luc dit qu'il y a un rapport entre l'éducation et le travail. Ecoutez la scène encore une fois, puis vérifiez votre compréhension en répondant aux questions suivantes.

1. Quel est ce rapport d'après Luc? Est-ce que Suzette le comprend?

_____

_____

2. A votre avis, est-ce qu'il existe un rapport entre l'éducation et la richesse? l'éducation et le bonheur? l'éducation et le succès?

_____

_____

_____

F. Dans le dialogue, Luc offre une fois son aide et Suzette utilise une expression pour réagir.

1. Quelle expression Luc utilise-t-il pour offrir de l'aide?

_____

2. Est-ce que Suzette accepte ou refuse son aide? Quelle expression utilise-t-elle?

_____

STRUCTURE

PRATIQUE: Le Futur antérieur

ACTIVITE 3: Comme le dit Suzette dans l'activité 2, il y a plusieurs façons de devenir riche. Dans l'activité suivante, on va vous décrire plusieurs possibilités. Donnez la forme correcte des verbes au futur antérieur. Suivez le modèle. On va vous donner la réponse correcte.

MODELE: *Vous entendez:* Nous assisterons à la conférence. Et à la fin de l'année?

Vous dites: Nous aurons déjà assisté à la conférence.

Vous entendez: Nous aurons déjà assisté à la conférence.

ACTIVITE 4: Vous allez entendre une expression suivie de deux propositions. Mettez ensemble les propositions et l'expression en faisant très attention au temps du verbe. Après chaque phrase, vous allez entendre la réponse correcte.

MODELE: *Vous entendez:* Lorsque… finir mes études / chercher un poste en informatique

Vous dites: Lorsque j'aurai fini mes études, je chercherai un poste en informatique.

Vous entendez: Lorsque j'aurai fini mes études, je chercherai un poste en informatique.

PHONETIQUE: *Le Son [r]*

The French sound [r] is completely different from its English equivalent. The French [r] is pronounced with the back of the tongue close to the palate and the tip of the tongue firmly against the lower incisors. The sound is produced when air is forced between the back of the tongue and the palate and produces friction.

ACTIVITE 5: Répétez les mots et les expressions qui suivent.

répondre	la réaction	riche	très	
arriver	pareil	formel	sérieux	le futur
tard	le cours	le directeur	forte	

1. Elle travaillera le semestre prochain.

2. Ils seront professeurs; ils auront certainement un travail branché.

3. Je vais entrer dans une grande compagnie industrielle.

4. J'ai très peur car je ne sais pas si on va m'offrir l'emploi.

SECTION 3 / *Comment réussir?*

FONCTION

ACTIVITE 1: Le passage que vous allez entendre explique comment les professions et les qualifications des travailleurs seront modifiées à l'avenir par de nouveaux outils *(tools)* technologiques. Ecoutez le passage, puis vérifiez l'idée principale, les détails et les expressions importantes. On va lire le texte une seule fois; il sera peut-être nécessaire de l'écouter plusieurs fois afin de répondre aux questions.

A. Décrivez le passage.

1. Le langage est _____ formel. _____ familier.

2. Le ton du passage est _____ léger. _____ poli mais amusé.

_____ familier. _____ sérieux.

B. Pour donner un résumé de l'idée principale, expliquez si, d'après l'auteur du passage, toutes les professions seront également concernées par l'évolution technologique.

_____

_____

_____

C. Pour bien vérifier votre compréhension, répondez aux questions suivantes.

1. Quelles professions sont menacées par l'arrivée de machines électroniques?

_____

2. L'auteur suggère que les cadres doivent apprendre à faire plusieurs choses pour se maintenir au courant. Lesquelles? Dans quelle mesure est-ce que vous avez des connaissances dans ces domaines?

_____

_____

_____

_____

3. Dans quelle mesure est-ce que ceux qui pratiquent les métiers artistiques vont être affectés par le progrès technologique? De quels métiers en particulier est-ce que l'auteur parle?

_____

_____

_____

D. En trois ou quatre phrases, donnez votre opinion des prédictions que fait l'auteur du passage.

_____

_____

_____

_____

_____

STRUCTURE

PRATIQUE: La Voix passive

ACTIVITE 2: Vous allez entendre plusieurs phrases. Indiquez si les phrases sont à la voix active (A) ou à la voix passive (P).

> MODELE: *Vous entendez:* Les meilleurs postes seront obtenus par ceux qui sont forts en technologie.
>
> *Vous écrivez:* ___P___

1. _____ 2. _____ 3. _____ 4. _____ 5. _____ 6. _____ 7. _____ 8. _____

ACTIVITE 3: Ecoutez cette version du passage de l'activité 1, puis complétez les phrases à la voix passive par les mots et les expressions qui manquent. Vous allez entendre chaque phrase deux fois.

1. Tous les emplois _____ par les _____ outils _____

2. Un grand nombre de métiers _____ par _____

3. Toutes les professions _____ par _____

4. Les travailleurs les moins qualifiés _____ par _____

5. Ceux qui occupent des emplois de responsabilité _____ également _____ par _____ technologique.

6. Même les métiers artistiques _____ par _____ _____.

7. Les métiers graphiques _____ par les prochaines _____ d'_____.

SCENARIO

Chercheur *(researcher)* ou patron? Voici la question posée par le rapport que vous allez entendre. D'abord, on vous demandera de lire une liste de professions et de les catégoriser selon le taux *(level)* de prestige social offert à ceux qui y participent. Après que vous les aurez évaluées, vous entendrez des statistiques qui montrent à quel dégré les Français trouvent chaque profession prestigieuse. Ecoutez bien le rapport et faites les activités. On va lire le passage une seule fois; il sera peut-être nécessaire de l'écouter plusieurs fois afin de répondre aux questions.

A. Catégorisez les professions d'1 à 4 dans votre cahier, 1 étant la plus prestigieuse et 4 la moins prestigieuse. Quand vous aurez terminé, recommencez la cassette.

_____ Champion de tennis   _____ Musicien

_____ Chef d'une grande entreprise   _____ Navigateur

_____ Chercheur scientifique   _____ Officier supérieur

_____ Député *(member of parliament)*   _____ Peintre

_____ Diplomate   _____ Pilote de ligne

_____ Ecrivain   _____ Professeur d'université

_____ Reporter   _____ Vedette de cinéma

_____ Mannequin *(model)*   _____ Vedette de télévision

B. Ecoutez le rapport et dites…

1. quelles professions étaient les plus prestigieuses.

   _____

2. quelles professions étaient légèrement moins prestigieuses.

   _____

   _____

3. quelles professions avaient un taux moyen de prestige.

   _____

4. quelle professions étaient les moins prestigieuses.

   _____

   _____

C. Comparez vos réponses dans la partie A avec les résultats du sondage dans la partie B.

1. Dans quelle mesure est-ce que les professions que vous avez choisies comme les plus prestigieuses correspondent à celles choisies par les gens qui ont répondu au sondage?

   _____

   _____

   _____

2. Dans quelle mesure est-ce que les professions que vous avez choisies comme les moins prestigieuses correspondent à celles choisies par les gens qui ont répondu au sondage?

_____

_____

_____

3. Quels résultats est-ce que vous trouvez les plus intéressants? Quelles différences sont pour vous les plus choquantes?

_____

_____

_____

_____

4. Quelle est votre spécialisation ou profession anticipée? Quelle profession mentionnée dans le sondage ressemble le plus à votre spécialisation? Quel était le taux de prestige de cette profession? Etes-vous d'accord?

_____

_____

_____

_____

5. Faites une liste d'au moins 10 professions qui ne sont pas mentionnées dans le sondage et pour lesquelles vous aimeriez savoir le taux de prestige. D'après vous, lesquelles seront les plus prestigieuses? les moins prestigieuses?

_____

_____

_____

_____

NOM: _____

COURS: _____

DATE: _____

Chapitre 10
Faire des suppositions et des hypothèses

SECTION 1 / *Supposons que tu n'aies pas démissionné*

FONCTION

ACTIVITE 1: Complétez chaque hypothèse avec une expression de la liste suivante en faisant très attention aux temps des verbes. N'oubliez pas que certaines expressions sont suivies de l'imparfait, certaines du subjonctif et d'autres du conditionnel.

Supposons que...	En supposant que...	Dans le cas où...	Imaginons que...
A supposer que...	Si...	Admettons que...	Au cas où...

1. _____ on t'offre un poste sensationnel, que ferais-tu?

2. _____ tu possédais tout ce que tu désirais, que ferais-tu?

3. _____ tu obtiennes ton diplôme à la fin du semestre, que ferais-tu?

4. _____ tu gagnais le gros lot, que ferais-tu?

5. _____ tu aurais beaucoup de temps libre, que ferais-tu?

6. _____ tu aies le poste de tes rêves, que ferais-tu?

ACTIVITE 2: Complétez les mini-dialogues avec une hypothèse ou une réponse. Faites attention aux temps des verbes!

1. — _____

   —Alors, je serais très content(e)!

2. —Supposons que tu ne trouves pas un poste qui t'intéresse?

   — _____

3. —Dans le cas où tu devrais faire des heures supplémentaires et travailler pendant le week-end, que ferais-tu?

   — _____

4. — _____

   —Nous achèterions un yacht!

5. — _____

—Je serais bien triste.

6. —A supposer que tu hérites plusieurs millions de dollars, que ferais-tu?

— _____

STRUCTURE

PREPARATION: Les Verbes avec changements d'orthographe

In chapter 1, you reviewed several groups of verbs that require accent or spelling changes in the present tense. These verbs retain their spelling changes in the future tense and conditional mood.

	acheter	appeler	jeter	payer
je (j')	achète	appelle	jette	paie
tu	achètes	appelles	jettes	paies
il/elle/on	achète	appelle	jette	paie
nous	achetons	appelons	jetons	payons
vous	achetez	appelez	jetez	payez
ils/elles	achètent	appellent	jettent	paient
passé composé:	j'ai acheté	j'ai appelé	j'ai jeté	j'ai payé
futur:	j'achèterai	j'appellerai	je jetterai	je paierai
conditionnel:	j'achèterais	j'appellerais	je jetterais	je paierais

Verbs like...
acheter: amener, lever, mener
appeler: s'appeler, rappeler
payer: essayer, essuyer, employer

ACTIVITE 3: Conjuguez les verbes suivants au temps indiqué (p = présent; f = futur; c = conditionnel), puis vérifiez vos réponses dans l'appendice.

1. je / acheter (p) _____
2. je / acheter (f) _____
3. tu / appeler (p) _____
4. tu / appeler (c) _____
5. il / jeter (p) _____
6. il / jeter (c) _____
7. nous / payer (p) _____
8. nous / payer (c) _____

9. vous / amener (c) _____
10. vous / enlever (f) _____
11. elles / rappeler (f) _____
12. elles / essuyer (p) _____
13. je / essayer (c) _____
14. ils / employer (f) _____
15. vous / essayer (c) _____

PRATIQUE: Le Conditionnel présent

ACTIVITE 4: Faites l'épreuve suivante pour déterminer si vous survivriez dans le monde des affaires. Lisez les phrases et complétez-les au conditionnel, ensuite additionnez vos points dans la colonne de gauche de la manière suivante:

Si la description vous convient à perfection, comptez 3 points.

Si la description vous conviendrait dans certaines situations, comptez 1 point.

Si la description ne vous convient pas, pas de points.

_____ 1. Je _____ (vouloir) être cadre dans une grande entreprise.

_____ 2. On me _____ (dire) que je suis un(e) «jeune cadre dynamique».

_____ 3. Si j'avais l'occasion, j' _____ (accepter) un poste en informatique.

_____ 4. Je _____ (tenir) à suivre des cours de gestion et de marketing.

_____ 5. J' _____ (avoir) envie de gagner beaucoup d'argent.

_____ 6. Il me _____ (être) important d'acquérir du pouvoir.

_____ 7. Je _____ (faire) n'importe quoi pour accélérer mon ascension dans l'entreprise.

_____ 8. Il _____ (falloir) tout mettre en œuvre pour accéder aux niveaux élevés de responsabilité.

_____ 9. Je _____ (choisir) les diplômes et les réseaux de relations pour être certain(e) d'être promu(e) le plus vite possible.

_____ 10. Je _____ (savoir) appliquer de véritables stragégies à la *Dallas*.

_____ 11. Je _____ (venir) au bureau tôt le matin et j'y _____ (rester) tard le soir.

_____ 12. Je _____ (pouvoir) me comporter de manière que mes supérieurs me remarquent.

Si vous avez de 24 à 36 points: Vous êtes certainement destiné(e) à être «jeune cadre dynamique» car vous mettez vos talents en évidence. Mais attention! Vous prenez le travail trop au sérieux et vous risquez de n'avoir ni de temps libre, ni d'ami(e)s.

Si vous avez de 15 à 23 points: Vous faites tout en modération et vous faites de votre mieux pour obtenir un poste. Le succès dans le monde des affaires n'est pas certain dans votre cas parce que vous n'êtes pas assez agressif(-ive) et vous avez trop de respect pour le travail et le talent de vos collègues.

Si vous avez moins de 14 points, vous n'aurez pas de succès dans le monde des affaires. Choisissez tout de suite une autre profession!

ACTIVITE 5: Le passage suivant décrit le retour des «jeunes cadres dynamiques» en France et explique ce qu'ils font pour obtenir le poste de leurs rêves. Lisez le passage, ensuite vérifiez votre compréhension et complétez les hypothèses qui suivent.

On assiste aujourd'hui au retour des «jeunes cadres dynamiques». L'ambition retrouvée des cadres s'explique d'abord par la réhabilitation de l'entreprise depuis quelques années, la volonté de gagner de l'argent (mythe de *golden boy* popularisé par les médias) et d'acquérir du pouvoir. Les plus jeunes sont les plus décidés à tout mettre en œuvre pour accélérer leur ascension dans l'entreprise et accéder aux niveaux élevés de responsabilité, et surtout de salaires. Ils appliquent dans ce but de véritables stratégies à la *Dallas*, choisissant avec soin les diplômes, les filières *(career paths)*, les réseaux de relations et les comportements qui leur permettront d'être remarqués de leurs supérieurs.

(*Francoscopie* 1991)

A.   Vérifiez votre compréhension.

1.   Pourquoi est-ce qu'il y a plus de jeunes cadres dynamiques maintenant que pendant les années 70?

_____

_____

2.   Qu'est-ce qu'ils font pour accélérer leur ascension dans l'entreprise?

_____

_____

B.   Complétez les hypothèses suivantes avec un verbe à l'imparfait et un autre au conditionnel, ensuite indiquez à gauche si, d'après vous, les phrases sont vraies ou fausses.

_____   1.   Si / habiter en France / être jeune cadre.

_____

_____   2.   Si / travailler dans une entreprise / vouloir gagner beaucoup d'argent.

_____

_____   3.   Si / mettre en œuvre des stratégies à la Dallas / avoir de plus en plus de responsabilités.

_____

_____ 4. Si / gagner beaucoup d'argent / avoir du pouvoir.

_____

_____ 5. Si / avoir du pouvoir / être content(e).

_____

_____ 6. Si / vouloir un poste pareil / choisir avec soin mes cours et mes diplômes.

_____

ACTIVITE 6: Dans le chapitre 9, vous avez entendu les résultats d'un sondage où on a posé la question, «Parmi les activités suivantes, quelles sont les trois ou quatre qui vous paraissent les plus prestigieuses pour un homme?» Choisissez parmi ces professions pour compléter les phrases, d'après le modèle. Faites très attention aux temps des verbes et n'oubliez pas que certaines expressions sont suivies du présent, de l'imparfait, du subjonctif ou du conditionnel.

chercheur scientifique　　*chef d'une grande entreprise*　　*pilote de ligne*
grand reporter　　*écrivain*　　*musicien*
professeur d'université

　　MODELE: Admettons que…

　　　　Admettons que je *veuille* être professeur d'université. Je ne *gagnerais* pas beaucoup d'argent, mais pour moi, ce ne *serait* pas tellement important. Bref, ce *serait* un poste qui me *conviendrait* à merveille.

1. Si… _____

_____

_____

2. Supposons que… _____

_____

_____

3. Dans le cas où… _____

_____

_____

4. Imaginons que… _____

_____

_____

5. Au cas où… _____

_____

_____

FONCTION

ACTIVITE 1: Indiquez si on utilise les expressions suivantes pour faire des reproches à quelqu'un (FR) ou pour se reprocher (SR).

_____ 1. Pourquoi as-tu...   _____ 7. Ah, ce que tu...

_____ 2. Je regrette de...   _____ 8. Si tu avais... , j'aurais pu...

_____ 3. Tu devrais...   _____ 9. J'aurais dû...

_____ 4. Je t'ai dit...   _____10. Si j'avais seulement...

_____ 5. Tu ferais bien...   _____11. Je regrette de ne pas...

_____ 6. J'aurais mieux...   _____12. Si seulement tu avais...

ACTIVITE 2: Dans les mini-dialogues qui suivent, la première personne va faire des reproches et la deuxième personne va se reprocher ou s'excuser. Complétez les scènes avec les propositions qui manquent.

1. —Qu'est-ce que tu as fait pour perdre ton porte-feuille *(wallet)*?

   — _____

2. — _____

   —Je regrette de ne pas avoir fait attention à ce que je faisais.

3. —Oh là là! Comme tu es maladroit! C'est le deuxième verre à vin que tu as cassé en deux jours.

   — _____

4. —Il ne fallait pas lui dire qu'à ton avis tous les policiers ont des préjugés. Tu sais bien que son père est agent de police.

   — _____

5. — _____

   —Je ferais bien de lui écrire un petit mot d'excuses.

6. —Si seulement tu m'avais dit que tu ne parlais plus à Alain, je ne l'aurais pas invité à dîner chez nous.

   — _____

STRUCTURE

PREPARATION: La Concordance des temps

When making hypotheses, the conjunction **si** is often used. Several different sequences of tenses may be used in hypotheses, depending on meaning. The following chart summarizes them.

Si clause	Main clause
si + *present*	*present, future, imperative*
si + *imperfect*	*conditional*

Si on étudie, on obtient un diplôme.

On ira ensemble à la fac **si tu veux.**

Ne changez pas de carrière **si vous voulez** avancer.

Si j'étais toi, **je chercherais** un autre emploi.

Notice that neither the conditional nor the future tense is used in the **si** clause. Also note that the **si** clause may appear first or second in the sentence.

ACTIVITE 3: Complétez les phrases avec les verbes suggérés. Faites attention aux temps des verbes. Vérifiez vos réponses dans l'appendice.

1. Si j'étudie beaucoup, je (trouver un emploi).

   _____

2. J'obtiendrai mon diplôme si je (réussir dans tous mes cours).

   _____

3. Si je gagnais un bon salaire, je (être heureux).

   _____

4. Si je trouvais un bon poste, je (pouvoir acheter une voiture).

   _____

5. J'aiderais les gens si je (avoir le temps).

   _____

6. Si vous voulez réussir, ne (faire pas de politique).

   _____

PRATIQUE: Le Conditionnel passé

ACTIVITE 4: Plusieurs ami(e)s ont oublié d'inviter un autre ami à une soirée. Dites ce que chacun aurait dû faire pour éviter un faux-pas pareil. A la fin, relisez les réponses et indiquez sur le tiret les stratégies que vous utiliseriez.

_____ 1. Si seulement je lui _____ (téléphoner) pour l'inviter à la fête.

_____ 2. Suzette _____ (devoir) passer chez lui pour lui parler.

_____ 3. Si seulement nous _____ (aller) avec lui.

_____ 4. Tu _____ (pouvoir) l'accompagner.

_____ 5. Si seulement Marc et Philippe _____ (prévenir) l'hôtesse qu'il ne savait pas qu'il y aurait une fête ce soir.

_____ 6. Vous _____ (faire) quelque chose pour éviter une situation pareille.

_____ 7. Si seulement il _____ (dire) aux amis qu'on ne l'a pas invité.

_____ 8. Elise et Anne _____ (arriver) de bonne heure pour expliquer le problème.

ACTIVITE 5: Comment votre vie serait-elle différente si vous aviez pris les décisions suivantes? Complétez chaque phrase avec une conséquence logique, d'après le modèle. Faites attention aux temps des verbes.

MODELE: Si / ne pas quitter la ville où être né(e) / …

Si je n'avais pas quitté la ville où je suis né(e), je n'aurais jamais rencontré l'homme avec qui je me suis mariée.

1. Si / décider de ne pas assister à l'université / … _____

_____

2. Si / suivre davantage de cours de mathématiques /... _____

_____

3. Si / apprendre à parler plusieurs langues / … _____

_____

4. Si / se marier à l'âge de 17 ans / … _____

_____

5. Si / ne pas réussir dans mon métier /... _____

_____

6. Si / gagner beaucoup d'argent /... _____

_____

7. Si / avoir un métier intéressant /... _____

_____

8. Si / habiter toujours chez mes parents /... _____

_____

ACTIVITE 6: Que veut dire réussir dans la vie? Est-ce avoir une vie de famille heureuse? réussir dans son métier? gagner beaucoup d'argent? avoir des ami(e)s? faire ce qu'on a envie de faire? se sentir bien avec soi-même? Complétez les paragraphes suivants pour expliquer ce que veut dire réussir dans la vie.

1. Supposons que...

_____

_____

_____

_____

2. Dans le cas où...

_____

_____

_____

_____

SECTION 3 / *Belle, si j'étais un homme...*

FONCTION

ACTIVITE 1: Lisez la liste de noms de Français et de Françaises célèbres. Les reconnaissez-vous? Mettez ensemble les noms de la liste ci-dessous avec les descriptions de ce qu'ils (elles) ont fait. Ecrivez vous-même la description de la neuvième personne, ensuite vérifiez vos réponses au bas de la page.

a. Marie-Antoinette   d. Louis XIV   g. Marie Curie
b. Jean Cocteau   e. Antoine de St-Exupéry   h. Napoléon
c. Claude Monet   f. Camille Claudel   i. La Fontaine

_____ 1. Si j'avais été cette personne, j'aurais travaillé avec mon mari pour faire des découvertes scientifiques.

_____ 2. Si j'avais été cette personne, j'aurais habité à Giverny.

_____ 3. Si j'avais été cette personne, j'aurais été roi de France.

_____ 4. Si j'avais été cette personne, j'aurais écrit des fables très connues, comme par exemple *Le Corbeau et le Renard.*

_____ 5. Si j'avais été cette personne, j'aurais été pilote et écrivain. J'aurais écrit *Le Petit Prince.*

_____ 6. Si j'avais été cette personne, j'aurais eu un frère Paul qui serait poète et j'aurais travaillé avec le célèbre sculpteur, Auguste Rodin.

_____ 7. Si j'avais été cette personne, j'aurais passé des semaines à faire semblant d'être une bergère dans mon hameau *(hamlet)* près du palais de Versailles.

_____ 8. Si j'avais été cette personne, j'aurais été empereur, grand stratégiste militaire et j'aurais beaucoup contribué à la société contemporaine française.

_____ 9. Si j'avais été cette personne, je (j')... _____

_____

_____

ACTIVITE 2: Avez-vous jamais pensé à ce que vous feriez si vous étiez quelqu'un d'autre? Imaginez cinq ou six choses que vous auriez faites si vous aviez été le personnage célèbre de votre choix.

_____

_____

_____

_____

_____

_____

_____

STRUCTURE

PREPARATION: Le Verbe irrégulier **faire**

Review the conjugation of the verb **faire** and the list of expressions that use it. Then complete the activity that follows.

faire	**expressions avec faire**
je fais	faire le ménage (les courses, la cuisine,
tu fais	la lessive, le linge, la vaisselle,...)
il / elle / on fait	
nous faisons	faire du sport (du football, du golf, du
vous faites	volley, du ski, un voyage, une
ils / elles font	promenade,...)

passé composé:	j'ai fait	faire peur (attention à, la connaissance, semblant de...)
futur:	je ferai	faire rire (penser à, pleurer, tomber, venir, voir,...)
conditionnel:	je ferais	

ACTIVITE 3: Complétez les phrases suivantes avec le verbe **faire** et l'expression qui convient, puis vérifiez vos réponses dans l'appendice.

Qu'est-ce qu'ils font?

1. _____

2. _____

3. _____

4. _____

Qu'est-ce qu'ils font?

5. _____

6. _____

7. _____

PRATIQUE: **Faire** causatif

ACTIVITE 4: Dans cette section du chapitre, vous avez lu des extraits de l'histoire de *La Belle et la Bête*. Pensez aux vieux films, aux contes de fée, aux dessins animés et aux livres pour les enfants. Ensuite, préparez des questions en utilisant les expressions données. Pour finir, répondez aux questions.

MODELE: (une chose) te faire rire / quand tu étais jeune

Qu'est-ce qui te faisait rire quand tu étais jeune?

Quand j'étais jeune, les dessins animés de *Mighty Mouse* me faisaient rire.

1. (une chose) / te faire rire / quand tu étais jeune?

_____?

_____

2. (une chose) / te faire penser à ta jeunesse?

_____?

_____

Et maintenant, _____

3. (une chose) / te faire pleurer quand tu étais jeune? _____

    _____?

    _____

    Et maintenant?_____

4. (une chose) / te faire tomber le plus souvent quand tu étais jeune?

    _____?

    _____

5. (une personne) / te faire venir en courant quand il (elle) arrivait?

    _____?

    _____

ACTIVITE 5: Voici un petit conte de fées que vous allez adapter d'après vos propres idées. D'abord, lisez tous les éléments afin d'obtenir une idée générale des personnages et des événements. Ensuite, faites des phrases complètes au passé composé, en remplaçant les mots soulignés avec le pronom qui convient. Enfin, complétez les phrases avec vos propres mots.

1. Une vieille sorcière méchante et laide / faire envoyer <u>la lettre</u> à la princesse pour lui dire…

    _____

    _____

2. La sorcière / faire emprisonner <u>la princesse</u> dans un vieux château où…

    _____

    _____

3. Le roi et la reine / faire venir le prince qui…

    _____

    _____

4. Ils / faire recevoir <u>le prince</u> dans leur château et lui ont expliqué que…

    _____

    _____

5. Le prince est parti avec… pour… où il / faire libérer la princesse et a capturé la sorcière.

    _____

    _____

6. Le roi et la reine / faire préparer un grand repas et faire servir <u>le dîner</u> pour…

    _____

    _____

7. Le prince / faire emprisonner la sorcière dans le donjon où…

_____

_____

8. Ils / vivre en paix à tout jamais

_____

_____

Chapitre 10
Faire des suppositions et hypothèses

SECTION 1 / *Supposons que tu n'aies pas démissionné*

FONCTION

ACTIVITE 1: Ecoutez le passage, puis identifiez l'idée principale et vérifiez les détails et les expressions. On va lire le passage une seule fois; il sera peut-être nécessaire de l'écouter plusieurs fois afin de répondre aux questions.

A. De quoi s'agit-il?

1. Le langage est _____ formel. _____ familier.

2. Le ton de la scène est _____ léger. _____ poli et respectueux.

_____ sérieux. _____ familier.

B. Ecoutez le passage encore une fois, puis employez les éléments suivants et d'autres de votre choix pour compléter le résumé de l'idée principale.

le bonheur: complet, individuel, multidimensionnel
activités: obligatoires, qui sont librement choisies.
les sondages: accepter mal que le bonheur ne soit pas…, quelques regrets

_____

_____

_____

_____

C. Indiquez si les phrases suivantes sont vraies (V) ou fausses (F).

_____ 1. D'après le passage, le bonheur existe comme il existait il y a 20 ou 30 ans.

_____ 2. Chacun doit essayer de trouver son propre bonheur en fonction de ses aspirations, de ses capactiés et de ses contraintes.

_____ 3. Le bonheur est le même pour tout le monde.

_____ 4. Beaucoup de gens rapportent qu'ils ont trouvé le bonheur complet.

_____ 5. D'après le passage, le bonheur ne peut être complet que si chacune des activités quotidiennes contribue à l'épanouissement *(growth)* individuel.

_____ 6. Les Français acceptent la conception du bonheur variable.

D. Le passage explique cinq regrets qui sont, pour les Français, parmi les plus communs. Ecoutez attentivement le passage (arrêtez la bande si c'est nécessaire) et faites le résumé de quatre des regrets mentionnés dans le passage.

1. _____

_____

2. _____

_____

3. _____

_____

4. _____

_____

E. Que pensez-vous de la conception du bonheur parfait? D'après vous, est-ce que les activités obligatoires comme le travail doivent être aussi enrichissantes que celles qui sont librement choisies?

_____

_____

_____

_____

STRUCTURE

PRATIQUE: Le Conditionnel présent

ACTIVITE 2: Vous allez entendre plusieurs verbes. Indiquez s'ils sont au futur (F) ou au conditionnel (C). On va lire chaque verbe une fois.

MODELE: *Vous entendez:* Tu choisiras un poste qui paie bien.

Vous écrivez: ___F___

1. _____ 3. _____ 5. _____ 7. _____ 9. _____ 11. _____

2. _____ 4. _____ 6. _____ 8. _____ 10. _____ 12. _____

ACTIVITE 3: Vous allez entendre deux propositions. Utilisez la conjonction **si** et mettez les propositions ensemble d'après le modèle. Après chaque phrase, vous allez entendre la réponse correcte.

> MODELE: *Vous entendez:* je / finir mon travail, je / partir en vacances
>
> *Vous dites:* Si je finissais mon travail, je partirais en vacances.
>
> *Vous entendez:* Si je finissais mon travail, je partirais en vacances.

| SECTION 2 | *J'aurais dû t'avertir!* |

FONCTION

ACTIVITE 1: Vous allez entendre plusieurs expressions. On va les lire une fois. Indiquez si on utilise chaque expression pour faire des reproches à quelqu'un (F) ou pour se reprocher (S).

> MODELE: *Vous entendez:* Ah! Il n'est pas gentil de répondre d'une façon pareille.
>
> *Vous écrivez:* ___F___

1. _____ 3. _____ 5. _____ 7. _____ 9. _____

2. _____ 4. _____ 6. _____ 8. _____ 10. _____

ACTIVITE 2: Dans la scène que vous allez entendre, Elisabeth parle avec sa tante Mathilde, une femme âgée. On va lire le dialogue une seule fois; il sera peut-être nécessaire de l'écouter plusieurs fois afin de répondre aux questions.

A. Décrivez la conversation.

    1. Le langage est _____ formel. _____ familier. _____ formel et familier.

    2. Le ton de la scène est _____ léger. _____ poli et réservé. _____ sarcastique. _____ familier.

B. Ecoutez la scène encore une fois, puis employez ces éléments et d'autres de votre choix pour faire un résumé de l'idée principale.

s'intéresser à vivre pendant une période historique
(ne pas) vivre pendant cette période
des avantages et des inconvénients
certaines découvertes et inventions
faire autant (plus, moins) de bien que de mal

_____

_____

_____

_____

C. Ecoutez la scène encore une fois, puis vérifiez votre compréhension en répondant aux questions suivantes.

1. Pourquoi est-ce qu'Elisabeth s'intéresse au bon vieux temps?

    _____

2. Est-ce que sa tante le regrette?

    _____

    _____

3. Quels avantages de la vie au moment actuel est-ce que la Tante Mathilde mentionne? Lesquels auriez-vous notés?

    _____

    _____

4. Quels inconvénients y trouve-t-elle? Etes-vous d'accord avec elle? Y a-t-il d'autres inconvénients que vous auriez mentionnés?

    _____

    _____

5. Pouvez-vous expliquer pourquoi les gens seraient heureux de vivre pendant une période où la vie était physiquement plus dangereuse et difficile qu'elle ne l'est maintenant?

    _____

    _____

6. Avez-vous la nostalgie d'une certaine période historique? Si vous pouviez voyager dans le temps pour changer d'époque, où iriez-vous? Expliquez.

    _____

    _____

D. Dans le dialogue, on fait plusieus fois des hypothèses. Complétez les expressions suivantes d'après le dialogue.

1. Si seulement _____ au bon vieux temps... c'était effrayant!

2. Si par exemple, _____ au bon vieux temps, tu en _____ peut-être _____ !

3. Et de la même manière, si tu _____ malade, tu _____ tous les médicaments disponibles aujourd'hui.

4. Par exemple, si nous _____ qu'elles causeraient tant de pollution et de congestion, je ne _____ pas aussi enthousiaste des voitures... sans parler de l'invention de la bombe atomique.

STRUCTURE

PRATIQUE: Le Conditionnel passé

ACTIVITE 3: Vous allez entendre une conversation dans laquelle on répète huit phrases. Pour chaque phrase qui est répétée, indiquez s'il y a un verbe au plus-que-parfait (PQP), au conditionnel (C) ou au conditionnel passé (CP). A la fin, écrivez un résumé de la conversation en une ou deux phrases.

MODELE: *Vous entendez:* Vous pourriez trouver un poste intéressant.

Vous écrivez: ___C___

1._____   3._____   5._____   7._____

2._____   4._____   6._____   8._____

Résumé de la conversation:

_____

_____

_____

_____

ACTIVITE 4: Vous allez entendre une phrase introduite par **si**, dont les verbes sont à l'imparfait et au conditionnel. Répétez la phrase en utilisant le plus-que-parfait et le conditionnel passé, d'après le modèle. Après chaque phrase, vous allez entendre la réponse correcte.

MODELE: *Vous entendez:* Si j'avais le temps, je le contacterais.

Vous dites: Si j'avais eu le temps, je l'aurais contacté.

Vous entendez: Si j'avais eu le temps, je l'aurais contacté.

PHONETIQUE: Le h aspiré

In French, the letter **h** is not pronounced. However, there are two kinds of **h** in the initial position: the "normal" **h** and an aspirated **h**. While neither is pronounced, the difference lies in the fact that the aspirated **h** does not allow a liaison to be made, nor does it allow dropping of a mute **e**. For example, compare the following words:

l'homme   le héros   les hommes   les héros

In the word *l'homme*, the mute **e** of the word *le* has been dropped. It is not dropped before an aspirate **h**, as in the word *héros*. Similarly, there is a liaison in *les hommes* (a **z** sound is pronounced between *les* and *hommes*), but there is none in *les héros*.

ACTIVITE 5: Répétez les mots qui suivent. Ils contiennent tous un **h** aspiré.

le handball	le handicap	harasser	la halte	la harpe
le haricot	le hasard	hideux	le hockey	le homard *(lobster)*
la hiérarchie				

SECTION 3 / *Belle, si j'étais un homme...*

FONCTION

ACTIVITE 1: Le passage que vous allez entendre, tiré du *Journal français d'Amérique*, s'adresse à la suppression d'emplois à la chaîne *(assembly line)*. Ecoutez le passage, puis vérifiez l'idée principale, les détails et les expressions importantes. On va lire le texte une seule fois; il sera peut-être nécessaire de l'écouter plusieurs fois afin de répondre aux questions.

A. Décrivez le passage.

1. Le langage est _____ formel. _____ familier.

2. Le ton du passage est _____ léger. _____ poli mais amusé. _____ familier. _____ sérieux.

B. Ecoutez le passage une fois, puis employez les éléments suivants et d'autres de votre choix pour faire le résumé de l'idée principale.

la situation de l'emploi   la filière automobile   les suppressions d'emploi

_____

_____

_____

C. Pour bien vérifier votre compréhension, répondez aux questions suivantes.

1. Pourquoi est-ce qu'on supprime des postes dans l'industrie automobile en France?

_____

_____

2. D'après le syndicat CFDT-métallurgie, combien d'heures de travail est-ce que l'industrie automobile pourrait perdre d'ici à 1995?

_____

3. Combien de salariés travaillaient chez Renault en 1984? Et fin 1991?

_____   _____

4. Combien d'emplois ont été supprimés dans les sociétés suivantes?

a. Citroën-Rennes: _____

b. Peugeot-Sochaux: _____

c. Renault: _____

d. RVI: _____

e. Michelin: _____

D. Donnez votre réaction au passage en trois ou quatre phrases.

_____

_____

_____

_____

STRUCTURE

PRATIQUE: **Faire** causatif

ACTIVITE 2: Vous allez entendre six phrases, chacune suivie d'une question. Choisissez une des deux réponses aux questions.

MODELE: *Vous entendez:* Jean-Luc a fait la vaisselle. Qui a fait la vaisselle?

Vous cochez: ___x___ Jean-Luc _____ quelqu'un d'autre

1. _____ Marie-Claire   _____ quelqu'un d'autre

2. _____ Mme Dubuc   _____ quelqu'un d'autre

3. _____ Henri   _____ quelqu'un d'autre

4. _____ Georges   _____ quelqu'un d'autre

5. _____ le cuisinier   _____ quelqu'un d'autre

6. _____ la mère   _____ quelqu'un d'autre

ACTIVITE 3: Vous allez entendre six phrases. Refaites chaque phrase en utilisant la construction *faire causatif,* d'après le modèle. Après chaque phrase, vous allez entendre la réponse correcte.

MODELE: *Vous entendez:* Je pense aux statistiques.

Vous dites: Les statistiques me font penser.

Vous entendez: Les statistiques me font penser.

SCENARIO

Quoi faire si on ne peut pas trouver d'emploi? Est-ce qu'on devrait changer de profession? Rentrer à l'université? Déménager *(move)*? Le passage que vous allez entendre explique l'avis et le comportement des Français en ce qui concerne des déménagements. Ecoutez bien le passage, puis faites les activités qui suivent. On va le lire une seule fois; il sera peut-être nécessaire de l'écouter plusieurs fois afin de répondre aux questions.

A. Ecoutez le passage, puis employez les éléments suivants et d'autres de votre choix pour faire le résumé de l'idée principale.

mobile   le déménagement   les raisons

_____

_____

_____

B. Ecoutez le passage encore une fois. Tout en écoutant, notez les détails suivants afin de répondre aux questions dans la partie C.

1. Quelles sont les principales raisons qui expliquent le déménagement local?

_____

2. Quelles sont les principales raisons qui expliquent les déménagements plus lointains?

_____

3. Quels groupes sociaux déménagent le plus en France?

_____

4. Quand ils déménageaient autrefois, où allaient-ils?

_____

5. Quand ils déménagent au moment actuel, où vont-ils?

_____

C. Dans le passage, on soutient les conclusions avec des statistiques de la Sofres. Ecrivez ci-dessous deux questions que vous aimeriez poser dans un sondage pareil. Ensuite, répondez aux questions d'après ce que diraient les gens de votre âge.

1. _____

    _____?

    _____

    _____

2. _____

    _____?

    _____

    _____

AU TRAVAIL

Chapitre 11
Décrire les rapports culturels

SECTION 1 / *Qu'est-ce qu'ils ont dit?*

FONCTION

ACTIVITE 1: Complétez les phrases, ensuite indiquez si on utilise l'expression pour expliquer quelque chose (E), pour vérifier si quelqu'un comprend (V), pour indiquer qu'on comprend (C) ou pour indiquer qu'on ne comprend pas (NC).

_____ 1. Je _____ te l'expliquer.

_____ 2. _____ je ne comprends pas, c'est comment ça marche.

_____ 3. Cela _____ très clair.

_____ 4. Tu _____ préciser?

_____ 5. _____ suivez?

_____ 6. Je _____ de ce que vous dites.

_____ 7. Ce que je veux dire, _____ je le trouve vraiment incroyable.

_____ 8. Vous _____ ce que je veux dire?

_____ 9. _____ pourrais reprendre?

_____ 10. Je vois _____ vous _____ dire.

ACTIVITE 2: L'article suivant, tiré du *Journal français d'Amérique*, traite la participation de plusieurs nouveaux pays à la Communauté économique européenne. Lisez le passage, ensuite choisissez parmi les expressions de l'activité 1 ou bien utilisez d'autres expressions de votre choix pour compléter le schéma qui suit.

Pour *Le Figaro*, il faut intégrer la Pologne au Marché commun: «Walesa, parlant pour la Pologne [...] rappelle qu'il voudrait bien faire partie du club de la CEE [Communauté économique européenne]; il souhaite, en tous cas, que l'Europe se décide à aider financièrement son pays.

Pour ce quotidien, «il n'existe qu'une solution logique: les pays de la CEE décident de prendre les risques, d'accepter l'entrée de la Pologne, de la Tchécoslovaquie et de la Hongrie dans l'Europe, passé la période probatoire de dix ans. Après tout, le système a convenablement fonctionné pour l'Espagne et le Portugal.»

VOUS: *(Expliquer l'idée principale)* _____

_____

(Vérifier si quelqu'un comprend) _____

VOTRE AMI(E): *(Indiquer qu'on comprend)* _____

(Demander davantage de renseignements) _____

VOUS: *(Expliquer des détails)* _____

_____

(Vérifier si quelqu'un comprend) _____

VOTRE AMI(E): *(Indiquer qu'on ne comprend pas)* _____

VOUS: *(Expliquer encore une fois les détails)* _____

_____

(Vérifier si quelqu'un comprend) _____

VOTRE AMI(E): *(Indiquer qu'on comprend)* _____

STRUCTURE

PREPARATION: L'Emploi du présent

When used to relate events or actions that are now taking place, the present tense in French may be translated in several different ways in English.

Charles **habite** en France.   *Charles lives in France.*
Charles is living in France.
Charles does live in France.

In addition, the present may relate events that will take place in the very near future:

Je **viens** tout de suite.   *I will be coming right away.*

The present may also relate events or actions that have happened in the recent past:

Ensuite, il me **dit** qu'il est malheureux.   *Then he told me he was unhappy.*

ACTIVITE 3: Analysez les phrases suivantes et donnez une ou plusieurs traductions en anglais.

1. Je ne sors pas ce soir; je reste chez moi. _____

2. J'arrive tout de suite; ne t'inquiète pas! _____

3. Jean va en France cet été. _____

4. Tu habites vraiment à Montréal? _____

5. Et tout à coup, il entre dans le bureau. _____

6. Mais non, je ne travaille pas aujourd'hui. _____

PRATIQUE: L'Emploi de l'indicatif

ACTIVITE 4: En se rapprochant les uns des autres, les pays européens ont commencé et vont continuer à travailler ensemble pour résoudre leurs problèmes, surtout les problèmes environnementaux. Lisez le passage en faisant très attention aux temps des verbes, puis faites les activités ci-dessous.

Pierre Tariot, 54 ans, ingénieur chimiste et chef du département de l'hygiène, santé, environnement (HSE) du groupe multinational ICI, s'exprime de la façon suivante: «Il y a dix ans, nous n'avions pas de service environnement, c'était la responsabilité du directeur. Il n'y avait pas non plus de station d'épuration pour les rejets liquides. Nous nous sommes d'abord préoccupés de l'eau, puis des déchets, et nous commençons à nous occuper de l'air. Mon objectif est de diminuer sans cesse la pollution. L'idéal c'est l'usine qui arrive à tout recycler, sans aucun déchet. [...] »

(Phosphore)

1. Trouvez la phrase où on identifie la personne qui parle. Quel est le temps du verbe? Expliquez ce choix.

    _____

2. Trouvez la section où on décrit les conditions il y a quelques années. Identifiez les temps du verbe dans cette section. Expliquez ce choix.

    _____

3. Où est-ce qu'on décrit ce qu'on a déjà fait pour améliorer les conditions? Quel est le temps du verbe? Expliquez ce choix.

    _____

4. Dans quelle phrase l'auteur revient-il brièvement aux conditions actuelles? Identifiez le temps du verbe dans cette partie de la phrase. Expliquez ce choix.

    _____

5. Dans quelle section est-ce que l'auteur décrit les objectifs et les projets pour l'avenir? Quel temps du verbe utilise-t-il? Pourquoi?

    _____

6. Dans quelle mesure est-ce que le passage est conforme au modèle *présent* → *passé* → *avenir*?

    _____

ACTIVITE 5: Le passage suivant annonce une nouvelle chaîne de télévision, *Euronews*, qui est comparable à la CNN américaine. Lisez le passage en faisant très attention aux temps des verbes. Ensuite, complétez les activités qui suivent.

Point de vue européen sur l'actualité

L'Union européenne de radiodiffusion (UER) a présenté son projet de chaîne de télévision d'information en cinq langues, *Euronews*, à la Commission européenne qui lui a réservé *(gave it)* un accueil *(a reception)* «très attentif et chaleureux», selon l'UER.

Pour lancer en 1992 cette chaîne gratuite (diffusée par le satellite Eutelsat 2), qui se veut rivale de la chaîne américaine CNN, l'UER, qui regroupe principalement des chaînes publiques, a besoin de plusieurs soutiens financiers [...] soit un budget d'environ 300 millions de francs ($53,5 millions).

Euronews cherche à attirer un public jeune et un autre «plutôt haut de gamme» *(upscale)*, grâce au «soin particulier» qui sera apporté aux sujets traités: magazines, journaux de 15 minutes et flashes à l'heure et à la demi-heure, reportages spéciaux comme en temps de guerre par exemple. En résumé, «des trésors de diversité» comme le disent les responsables.

Diffusée au départ en cinq langues (allemand, anglais, espagnol, français, italien), *Euronews* couvrira toute la zone européenne [...] ainsi que les pays riverains de *(bordering on)* la Méditerranée (y compris l'Egypte et l'Israël).

En 1992, la chaîne pourra être reçue par 23 millions de foyers *(households)*, à raison de *(at a rate of)* 9 heures par jour. L'audience potentielle passera à 26 millions en 1993 avec une diffusion 24 heures sur 24, et à 30 millions en 1994–1995.

(Journal français d'Amérique)

A. Vérifiez votre compréhension.

1. En une ou deux phrases, expliquez l'idée principale du passage.

   _____

2. Dans quels pays pourra-t-on recevoir *Euronews?*

   _____

3. Combien de foyers recevront les émissions en 1992? En 1993? En 1994-1995?

   _____

4. Expliquez les cinq détails que vous trouvez les plus intéressants.

   a. _____

   b. _____

   c. _____

   d. _____

   e. _____

B. Relisez le passage et analysez les temps du verbe.

1. Combien de verbes sont au présent? au passé? au futur?

   _____

2. Y a-t-il plus de verbes au passé, au présent ou au futur? Expliquez pourquoi.

   _____

   _____

3. Dans quelle mesure est-ce que l'article suit le système *présent → passé → avenir?* Expliquez.

   _____

   _____

   _____

SECTION 2	*J'en ai une bonne à te raconter*

FONCTION

ACTIVITE 1: Lisez les expressions suivantes, ensuite dites si elles indiquent:

A. qu'on comprend.   B. qu'on ne comprend pas.   C. qu'on vérifie si quelqu'un comprend.

___A___   1. C'est ça.

_____   2. Tout cela me semble très clair.

_____   3. Vous voyez ce que je veux dire?

_____   4. Pourriez-vous répéter?

_____   5. Je vois ce que vous voulez dire.

_____   6. Vous voulez dire que…

_____   7. Comment ça?

_____   8. Qu'est-ce que vous voulez dire?

_____   9. Vous me suivez?

_____ 10. Vous pouvez préciser?

ACTIVITE 2: Complétez les échanges suivants par des expressions pour (A) intéresser quelqu'un, (B) indiquer que vous comprenez, (C) vérifier que quelqu'un comprend, et par des nouvelles de votre choix.

1. —(A) _____?

     _____

     —(B) Ah, oui. Je vois.

2. —(A) Je ne t'ai pas raconté ce que j'ai fait l'autre jour… _____

     _____

     —(B) _____

3. —(A) Si tu savais ce que j'ai entendu cet (hier) après-midi… _____

     _____

     —(B) Comment ça?

     —(C) _____

4. —(A) _____…

     _____

     —(B) Elle est bien bonne, celle-là!

5. —(A) Voilà ce qui est arrivé. _____

     _____

     —(B) _____.

STRUCTURE

PREPARATION: Le Participe présent

The present participle is formed by dropping the **-ons** ending from the present tense **nous** form and then adding **-ant.** For example, for the verb **travailler,** the present participle is **travaillant.**

When used as a gerund **(un gérondif),** the present participle may be used to report two simultaneous actions:

En **lisant**, je regardais la télévision.

Je réussirai en **travaillant**.

ACTIVITE 3: Faites une phrase des deux phrases suivantes. Employez un participe présent (comme gérondif) pour lier les deux actions. Vérifiez vos réponses dans l'appendice.

MODELE: Je siffle. Je travaille.

Je siffle en travaillant. **ou** Je travaille en sifflant.

1.   Il rie. Il raconte une histoire.

2.   Nous travaillons. Nous réussirons à notre carrière.

3.   Jean lit le roman. Il écoute la radio.

4.   Martine travaillait. Elle chantait.

5.   Il est tombé. Il s'est cassé le bras.

6.   J'écoute la chanson. Je prends mon café.

PRATIQUE: L'Emploi de l'indicatif

ACTIVITE 4: Ce passage est à propos de l'Oncle Picsou *(Scrooge McDuck).* Lisez-le en faisant très attention aux temps des verbes, ensuite faites les activités qui suivent.

Oncle Picsou en visite en France

Oncle Picsou, l'un des héros les plus fameux de Walt Disney, arrive sur les écrans dans un film qui a été fabriqué en grande partie en France, par les frères Paul et Gaëtan Brizzi, des as *(aces)* du dessin animé.

Dans le plus pur style Walt Disney, mais avec en plus la «touche» européenne des frères Brizzi, ce film frénétique, *Le Trésor de la lampe perdue,* est le premier long métrage *(full-length film)* consacré à l'oncle Picsou, le plus rapace des canards.

Après une carrière honorable aux USA et en Europe, ce Picsou fabriqué à 80% à Montreuil-sous-Bois, dans la banlieue parisienne, par les studios de Walt Disney Animation France créés il y a deux ans, est projeté dans plus de 120 salles *(movie theaters)* à Paris et dans 80 villes de province, «Bien que Picsou soit une création américaine, notent les frères Brizzi, nous y avons mis des choses à nous, et les Américains y ont décelé un humour original qu'ils ont apprécié.»

(Journal français d'Amérique)

A. Vérifiez votre compréhension

1. En une phrase, expliquez l'idée principale du passage.

_____

_____

2. Décrivez la création du film en France (où, par qui,...).

_____

_____

3. En quelle mesure est-ce un film américain? Un film français?

_____

_____

B. Faites des phrases en ajoutant une expression de votre choix.

1. Avant de / fabriquer le film en France, on...

_____

_____

2. Après avoir / dessiner l'oncle Picsou, les studios Walt Disney...

_____

_____

3. Tout en / garder le caractère de l'oncle Picsou, les frères Brizzi...

_____

_____

4. Après avoir / voir le film en anglais, les frères Brizzi...

_____

_____

5. Avant de / arriver sur les écrans, le film...

_____

_____

6. Après être / arriver sur les écrans en France, le film...

_____

_____

ACTIVITE 5: Lisez d'abord la bande dessinée «Le Billet noir» tirée de *Super Picsou Géant.* Ensuite complétez l'histoire avec vos propres mots. Utilisez les expressions suivantes.

1. Avant de... _____

   _____

2. Après avoir... _____

   _____

3. En... _____

   _____

4. Après être... _____

   _____

5. ... est en train de... _____

   _____

6. En... _____

   _____

7. Avant de... _____

   _____

8. Après avoir... _____

   _____

SECTION 3 / *Vous voyez ce que je veux dire?*

FONCTION

ACTIVITE 1: Choisissez parmi les expressions suivantes pour écrire un dialogue dans lequel vous racontez l'histoire de quelque chose d'intéressant qui vous est arrivé au cours des deux ou trois derniers jours. Utilisez au moins six expressions de la liste ci-dessous et racontez votre histoire en au moins six phrases.

Expliquer

Je veux dire que... (Ce que je veux dire, c'est que... Je vais te l'expliquer.)

Demander si quelqu'un comprend

C'est clair? (Tu comprends? Tu me suis? Tu vois ce que je veux dire?)

Indiquer qu'on ne comprend pas

Je ne te comprends pas... (Je n'ai pas compris. Je ne comprends rien de ce que vous dites.)

Indiquer qu'on comprend

Ah oui! (C'est ça. Cela me semble très clair. Exactement. Je vois! Tu veux dire que…)

VOUS: _____

_____

VOTRE AMI(E): _____

VOUS: _____

_____

VOTRE AMI(E): _____

VOUS: _____

_____

VOTRE AMI(E): _____

VOUS: _____

_____

VOTRE AMI(E): _____

STRUCTURE

PRATIQUE: Les Temps littéraires

ACTIVITE 2: LaFontaine a écrit des fables qui sont très connues en France et partout dans le monde. Lisez la fable *Le Renard et les raisins.* Ensuite, vérifiez votre compréhension et identifiez le temps des verbes soulignés.

Certain Renard Gascon, d'autres (1) <u>disent</u> Normand,
Mourant presque de faim, (2) <u>vit</u> au haut d'une treille
Des Raisins mûrs apparemment
Et couverts d'une peau vermeille.
Le galand en eût fait volontiers un repas;
Mais comme il n'y (3) <u>pouvait</u> atteindre:
Ils (4) <u>sont</u> trop verts, (5) <u>dit</u>-il, et bons pour des goujats *(lads, servants).*
(6) <u>Fit</u>-il pas mieux que de se plaindre?

A. Comment s'appelle la fable en anglais?

_____

B. Quelle est la morale de la fable?

_____

_____

C. Identifiez le temps des verbes soulignés et expliquez pourquoi le poète utilise ces temps.

le temps du verbe **l'explication**

1. le présent _____ pour décrire une condition qui existe au présent

2. _____ _____

3. _____ _____

4. _____ _____

5. _____ _____

6. _____ _____

7. _____ _____

D. Connaissez-vous des gens qui sont comme le renard? Quel est votre rapport avec eux?

_____

_____

_____

ACTIVITE 3: Dans cette scène du livre *Candide*, Voltaire raconte ce qui est arrivé au jeune héros Candide dès qu'il est chassé du château de monsieur le baron de Thunder-ten-tronckh. Lisez le passage et réfléchissez aux rapports entre Candide et les Bulgares. Ensuite, répondez aux questions qui suivent.

Ce que devint Candide parmi les Bulgares

Candide marcha longtemps sans savoir où. Il pleurait, levait les yeux au ciel, les tournait souvent vers le plus beau des châteaux, qui renfermait la plus belle des petites baronnes. Il se coucha sans dîner au milieu d'un champ. La neige tombait. Le lendemain, à demi mort de froid, de faim et de fatigue, il se traîna vers la ville voisine qui s'appelle Valdberghoff-trabk-dikdorff. Il s'arrêta tristement à la porte d'un cabaret.

Deux hommes habillés de bleu le remarquèrent:

—Camarade, dit l'un, voilà un jeune homme très bien fait, et qui a la taille voulue.

Ils s'avancèrent vers Candide et l'invitèrent très aimablement à déjeuner.

—Messieurs, leur dit Candide avec une modestie charmante, vous me faites beaucoup d'honneur; mais je n'ai pas d'argent pour payer ma part.

—Ah! monsieur, lui dit un des deux hommes en bleu, les personnes de votre taille et de votre mérite ne paient jamais rien: ne mesurez-vous pas cinq pieds cinq pouces?

—Oui, messieurs, c'est ma taille, dit-il en les saluant de nouveau.

—Ah, monsieur, mettez-vous à table; non seulement nous paierons pour vous, mais encore nous ne laisserons jamais un homme comme vous manquer d'argent; les hommes ne doivent-ils pas s'aider les uns les autres?

—Vous avez raison, dit Candide; c'est ce que M. Pangloss m'a toujours dit, et je vois bien que tout est au mieux.

On le prie d'accepter quelques pièces d'or, il les prend et on se met à table.

—N'aimez-vous pas tendrement?... demande l'un.

—Oh! oui, répond-il, j'aime tendrement Mlle Cunégonde.

—Non, dit l'autre de ces messieurs, nous vous demandons si vous n'aimez pas tendrement le roi des Bulgares?

—Pas du tout, dit-il, car je ne l'ai jamais vu.

—Comment! c'est le plus charmant des rois et il faut boire à sa santé.

—Oh! très volontiers, messieurs.

Et il boit.

—C'en est assez, lui dit-on, vous voilà l'appui, le défenseur, le héros des Bulgares; votre fortune est faite.

On lui passe tout de suite une chaîne aux pieds et on le mène au régiment.

A. Vérifiez votre compréhension.

1. Qui sont les personnages principaux du passage?

   _____

2. Décrivez l'état d'âme de Candide au commencement du passage.

   _____

3. Pourquoi les Bulgares s'intéressent-ils à la taille de Candide?

   _____

4. Que font les Bulgares pour duper Candide?

   _____

   _____

5. Comment le rapport entre Candide et les Bulgares change-t-il au cours du passage?

   _____

   _____

   _____

B. Analysez les temps des verbes.

   1. Quels temps des verbes est-ce que Voltaire utilise dans le passage?

   _____

   _____

   2. Employez le schéma suivant pour expliquer quand et pourquoi on utilise
       chaque temps du verbe.

       temps du verbe   **utilisation**

       a. _____   pour... _____

       b. _____   _____

       c. _____   _____

       d. _____   _____

       e. _____   _____

   3. Faites une liste des verbes au passé simple dans la colonne de gauche. Dans
       la colonne de droite, donnez la forme du verbe correspondante au passé
       composé.

       passé simple   **passé composé**

       a. _____   _____

       b. _____   _____

       c. _____   _____

       d. _____   _____

       e. _____   _____

       f. _____   _____

       g. _____   _____

       h. _____   _____

NOM: _____

COURS: _____

DATE: _____

Chapitre 11
Décrire les rapports culturels

SECTION 1   *Qu'est-ce qu'ils ont dit?*

FONCTION

ACTIVITE 1: Vous allez entendre douze expressions. Indiquez si on utilise chaque expression pour expliquer quelque chose (E), pour vérifier si quelqu'un comprend (V), pour indiquer qu'on comprend (C) ou pour indiquer qu'on ne comprend pas (NC).

    MODELE: *Vous entendez:* Je vais te l'expliquer.

             Vous écrivez: _____E_____

1. _____ 3. _____ 5. _____ 7. _____ 9. _____ 11. _____

2. _____ 4. _____ 6. _____ 8. _____ 10. _____ 12. _____

ACTIVITE 2: La Communauté européenne a un nouveau drapeau *(flag)*. Vous allez entendre une description du drapeau, tirée du *Journal français d'Amérique*, qu'on va lire une fois. Après avoir écouté la description, dessinez le drapeau et répondez aux questions dans votre cahier. Il sera peut-être nécessaire d'écouter le passage plusieurs fois afin de répondre aux questions.

A. Dessinez le drapeau ici et indiquez les couleurs de chaque élément.

B. Vérifiez votre compréhension.

1. Quelle était l'origine de ce drapeau?

    _____

2. Qui a adopté ce drapeau?

    _____

3. L'année 1987 marque le 30e anniversaire de quel événement?

    _____

4. Où est-ce qu'on a pu voir ce drapeau?

    _____

C. Maintenant écrivez un petit dialogue où vous expliquez le passage à un(e) ami(e).

VOUS: _____

VOTRE AMI(E): _____

VOUS: _____

VOTRE AMI(E): _____

VOUS: _____

VOTRE AMI(E): _____

ACTIVITE 3: Ecoutez la scène, puis identifiez l'idée principale et vérifiez les détails et les expressions. On va lire la scène une fois; il sera peut-être nécessaire de l'écouter plusieurs fois afin de répondre aux questions.

A. De quoi s'agit-il?

1. Le langage est _____ formel. _____ familier.

2. Le ton du passage est _____ léger. _____ poli et respectueux.

    _____ sérieux. _____ familier.

B. En une ou deux phrases, faites le résumé du passage.

    _____

    _____

    _____

C. Indiquez si les phrases suivantes sont vraies (V) ou fausses (F).

_____ 1. On parle français en Bretagne, en Corse et en Alsace.

_____ 2. On ne parle que le français en France.

_____ 3. La Basse-Bretagne se trouve dans les départements du Finistère, des Côtes-du-Nord et du Morbihan.

_____ 4. Le breton est une langue antérieure à la conquête romaine.

_____ 5. Le breton ressemble aux langues celtiques.

_____ 6. Environ 50 000 personnes parlent breton.

_____ 7. Le Pays basque se trouve entre la France et la Suisse.

_____ 8. La nation basque est un des plus petits pays d'Europe.

_____ 9. Les Basques conservent leur langue et leurs traditions.

_____ 10. Quatre millions de personnes parlent la langue d'Oc.

_____ 11. On parle la langue d'Oc dans le centre et le sud de la France.

_____ 12. La Corse est un département français depuis 1768.

_____ 13. La Corse est une île dans la mer Méditerranée.

D. Ecoutez la scène encore une fois, puis cochez les phrases qu'on utilise pour expliquer quelque chose, pour vérifier si quelqu'un comprend ou pour indiquer qu'on comprend.

_____ 1. Ce que je ne comprends pas, c'est...

_____ 2. Vous comprenez ce que je veux dire?

_____ 3. Vous voulez dire que...

_____ 4. Je n'ai pas compris.

_____ 5. Qu'est-ce que vous voulez dire?

_____ 6. Vous me suivez?

_____ 7. Il paraît alors que...

_____ 8. D'après ce que nous savons...

_____ 9. Vous dites que...

_____ 10. Vous pourriez répéter?

STRUCTURE

PRATIQUE: L'Emploi de l'indicatif

ACTIVITE 4: Faites des phrases avec les expressions que vous allez entendre. Mettez le verbe au passé composé ou à l'imparfait d'après les modèles. Si l'expression indique que l'action est terminée, utilisez le passé composé. Si l'expression indique que l'action est répétée ou continue, utilisez l'imparfait. Après chaque phrase, vous allez entendre la réponse correcte.

MODELES: *Vous entendez:* je travaille / tous les jours

Vous dites: Je travaillais tous les jours.

Vous entendez: Je travaillais tous les jours.

Vous entendez: je vois Jean-Claude Killy / un jour

Vous dites: Un jour, j'ai vu Jean-Claude Killy.

Vous entendez: Un jour, j'ai vu Jean-Claude Killy.

FONCTION

ACTIVITE 1: Saviez-vous que les personnages de Walt Disney sont très connus en France, où on les trouve aussi amusants qu'aux Etats-Unis? Regardez bien les dessins du *Super Picsou Géant.* Il y a plusieurs différences entre ces deux dessins. Indiquez si les phrases que vous allez entendre sont vraies ou fausses. Il sera peut-être nécessaire d'arrêter la cassette après chaque phrase afin de bien regarder les images!

MODELE: *Vous entendez:* Les petits nuages sont différents.

Vous écrivez: _____V_____

1. _____ 3. _____ 5. _____ 7. _____ 9. _____ 11. _____
2. _____ 4. _____ 6. _____ 8. _____ 10. _____ 12. _____

ACTIVITE 2: Employez le code pour faire l'activité des bulles codées du *Super Picsou Géant 1990* dans votre cahier. Arrêtez la cassette et faites la partie A à la page 256. Quand vous aurez fini, recommencez la cassette et faites la partie B.

A. Ecrivez la conversation des bulles codées ci-dessous. Chaque symbole égale un mot; il y a une phrase pour chaque scène.

1. _____

2. _____

3. _____

4. _____

5. _____

6. _____

B. Maintenant, écoutez la scène, puis faites la partie B dans votre cahier. Complétez la scène avec les expressions qu'on utilise pour expliquer quelque chose, pour vérifier si quelqu'un comprend et pour indiquer qu'on comprend. On va lire la scène une seule fois. Il sera peut-être nécessaire de l'écouter plusieurs fois afin de faire l'activité.

1. —_____ une bande dessinée où Dingo et Mickey
   s'envoient des messages.
   —Dingo et Mickey?

2. —_____
   —Mickey commence la conversation mais Dingo n'a pas d'allumettes pour
   allumer le feu afin de répondre.

3. —_____?

4. —Il faut de la fumée pour envoyer le signal. _____? Et il
   n'a pas d'allummettes pour allumer le feu.

5. —_____ ils ne communiquent pas par FAX ou
   par téléphone?

6. —_____. Alors Mickey attend la réponse de Dingo. Mais
   tout à coup, il voit Dingo qui vient le rejoindre.

7. —_____. Dingo vient rejoindre
   Mickey?

8. —_____. Il lui dit qu'il n'avait pas d'allumettes pour
   allumer le feu.

9. —_____?

10. —Dingo lui demande des allumettes pour allumer le feu pour qu'il puisse
    communiquer avec Mickey. _____?

11. —_____… mais
    _____ pourquoi Dingo ne dit pas
    à Mickey ce qu'il avait à lui dire avant de partir.

STRUCTURE

PRATIQUE: L'Emploi de l'indicatif

ACTIVITE 3: Vous allez entendre deux blagues. Ecoutez bien chaque phrase et cochez le temps du verbe que vous entendez.

MODELE: *Vous entendez:* L'employé dit «bonjour» à la dame.

Vous cochez: _____ le passé composé _____ l'imparfait
_____X_____ le présent _____ le futur

A.

1. _____ le passé composé _____ l'imparfait _____ le présent _____ le futur
2. _____ le passé composé _____ l'imparfait _____ le présent _____ le futur
3. _____ le passé composé _____ l'imparfait _____ le présent _____ le futur
4. _____ le passé composé _____ l'imparfait _____ le présent _____ le futur
5. _____ le passé composé _____ l'imparfait _____ le présent _____ le futur
6. _____ le passé composé _____ l'imparfait _____ le présent _____ le futur
7. _____ le passé composé _____ l'imparfait _____ le présent _____ le futur

B.

1. _____ le passé composé _____ l'imparfait _____ le présent _____ le futur
2. _____ le passé composé _____ l'imparfait _____ le présent _____ le futur
3. _____ le passé composé _____ l'imparfait _____ le présent _____ le futur
4. _____ le passé composé _____ l'imparfait _____ le présent _____ le futur
5. _____ le passé composé _____ l'imparfait _____ le présent _____ le futur
6. _____ le passé composé _____ l'imparfait _____ le présent _____ le futur
7. _____ le passé composé _____ l'imparfait _____ le présent _____ le futur
8. _____ le passé composé _____ l'imparfait _____ le présent _____ le futur
9. _____ le passé composé _____ l'imparfait _____ le présent _____ le futur
10. _____ le passé composé _____ l'imparfait _____ le présent _____ le futur
11. _____ le passé composé _____ l'imparfait _____ le présent _____ le futur
12. _____ le passé composé _____ l'imparfait _____ le présent _____ le futur
13. _____ le passé composé _____ l'imparfait _____ le présent _____ le futur

PHONETIQUE: La Liaison obligatoire

When a word ending in a silent consonant is followed by a word beginning with a vowel sound, a *liaison* is made in French. The *liaison* causes the sound of the final consonant of the first word to be heard. For example,

Nous allons au théâtre.   A sound *z* is pronounced between *nous* and *allons*.

On écrit des lettres.   A sound *n* is pronounced between *on* and *écrit*.

The *liaison* must be made between certain types of words. It is optional (and tends to be used in more formal language) in other cases.

Make the liaison between

pronoun and verb	Elles écoutent la radio.
article and noun	Les étudiants sont en classe.
adjective and noun	C'est mon ancien ami.
after prepositions	La conférence est dans une heure.
after short adverbs	C'est très intéressant.

ACTIVITE 4: Répétez les phrases suivantes. Toutes les phrases contiennent une ou plusieurs liaisons obligatoires.

1. Regardez ces enfants.

2. Ils arrivent en retard.

3. Quels amis fidèles!

4. Nous avons pris ce petit avion.

5. Vas-y, manges-en!

6. Ils ont fait un pique-nique sous un arbre.

7. Elles ont été très inquiètes.

8. Après avoir bu le café, les amis sont partis.

SECTION 3   *Vous voyez ce que je veux dire?*

FONCTION

ACTIVITE 1: Vous allez entendre *Le Corbeau et le renard (The Crow and theFox)*, une fable de LaFontaine qu'on apprend par cœur en France. Cette fable traite des rapports personnels. Ecoutez la fable, puis vérifiez l'idée principale et les détails. On va lire la fable une fois; il sera peut-être nécessaire de l'écouter plusieurs fois afin de répondre aux questions.

A. Décrivez le passage.

1. Le langage est _____ formel. _____ familier. _____ formel et familier.

2. Le ton du passage est _____ léger. _____ poli mais amusé. _____ familier. _____ sérieux.

B. En une ou deux phrases, expliquez l'idée principale de la fable.

_____

_____

_____

C. D'après vous, quelle est la morale de la fable?

_____

_____

_____

D. En quelle mesure est-ce que la morale s'adresse aux rapports personnels? Aux rapports entre pays? Aux rapports mondiaux?

_____

_____

_____

_____

E. Aimez-vous la fable? Donnez votre opinion.

_____

_____

_____

STRUCTURE

PRATIQUE: Les Temps littéraires

ACTIVITE 2: Vous allez entendre encore une fois la fable *Le Corbeau et le renard* par La Fontaine. Faites l'activité en deux parties.

A. Complétez chaque phrase avec le verbe qui manque. Faites très attention aux temps du verbe.

1. Maître Corbeau, sur un arbre perché,

2. _____ en son bec un fromage.

3. Maître Renard, par l'odeur alléché,

4. Lui _____ à peu près ce langage:

5. «Hé! bonjour, Monsieur du Corbeau.

6. Que vous _____ joli! que vous me _____ beau!

7. Sans mentir, si votre ramage

8. _____ à votre plumage,

9. Vous _____ le Phénix des hôtes de ces bois.»

10. A ces mots, le Corbeau _____ de joie;

11. Et pour _____ sa belle voix,

12. Il _____ un large bec, _____ tomber sa proie.

13. Le Renard _____ , et _____: Mon bon
    Monsieur,

14. _____ que tout flatteur

15. _____ aux dépens de celui qui _____.

16. Cette leçon _____ bien un fromage, sans doute.

17. Le Corbeau honteux et confus

18. _____ , mais un peu tard, qu'on ne l'y _____ plus.

B. Maintenant arrêtez la cassette. Relisez ce que vous avez écrit et analysez les temps des verbes.

1. Dans les deux premiers vers qui décrivent le Corbeau, quel est le temps du verbe? Pourquoi?

   _____

2. Dans les vers 3 et 4 qui expliquent ce que fait le renard, quel est le temps du verbe? Pourquoi?

   _____

3. Quand le renard parle (vers 5–9 et 13–16), quel est le temps du verbe? Pourquoi?

   _____

4. Pour expliquer la réaction du corbeau (vers 10–12), quel est le temps du verbe? Pourquoi?

   _____

5. Dans les deux derniers vers, quels sont les temps du verbe? Pourquoi?

   _____

ACTIVITE 3: Vous connaissez certainement les romans d'Agatha Christie. On les connaît aussi en France où on les apprécie beaucoup. Ecoutez le passage, du livre *Les Enquêtes d'Hercule Poirot,* et réfléchissez aux rapports culturels entre la France et l'Angleterre. Ensuite, répondez aux questions.

A. Vérifiez votre compréhension.

    1. Qui sont les personnages principaux du passage?

        _____

        _____

    2. Donnez un résumé du passage en une ou deux phrases.

        _____

        _____

        _____

B. Analysez les temps des verbes.

    1. Quels sont les temps des verbes du passage?

        _____ _____

        _____ _____

    2. Employez le schéma suivant pour expliquer quand et pourquoi on utilise chaque temps du verbe.

        temps du verbe   **utilisation**

      a. _____ _____

      b. _____ _____

      c. _____ _____

      d. _____ _____

    3. Il y a cinq verbes au passé simple dans le passage. Ecoutez le passage et complétez les phrases ci-dessous avec la forme correcte du passé simple. Ensuite, récrivez la phrase au passé composé.

      a. —Etrange… _____-je brusquement, le souffle court.

        _____

      b. —Quoi donc, *mon ami?* _____ placidement Poirot…

        _____

      c. Et Poirot me _____ à la fenêtre.

        _____

      d. … il _____ échapper un gloussement amusé.

        _____

      e. J'_____ de rire.

        _____

4. Dans ce passage, trouvez-vous quelque chose de typiquement anglais? Remarquez-vous des différences entre la culture anglaise et la culture américaine ou française? Expliquez votre réponse.

_____

_____

_____

_____

_____

SCENARIO

Vous allez entendre un passage sur l'Alsace, une province française à l'est de la France à côté de l'Allemagne. L'Alsace et les Alsaciens ont des rapports étroits avec les deux pays. On va lire le passage une fois; il sera peut-être nécessaire de l'écouter plusieurs fois afin de répondre aux questions.

A. Décrivez la conversation.

1. Le langage est _____ formel. _____ familier. _____ formel et familier.

2. Le ton de la scène est _____ léger. _____ poli et réservé. _____ sarcastique. _____ familier.

B. Ecoutez la scène encore une fois, puis écrivez-en le résumé en une ou deux phrases.

_____

_____

C. Ecoutez le passage encore une fois. Notez ci-dessous les détails les plus importants en ce qui concerne l'histoire et les légendes.

l'histoire

_____

_____

_____

_____

les légendes

_____

_____

_____

D. Utilisez ce que vous avez écrit pour vérifier votre compréhension en répondant aux questions.

1. En une ou deux phrases, expliquez quand et pourquoi cette région appartenait à l'Allemagne.

   _____

   _____

   _____

   _____

   _____

2. En une ou deux phrases, expliquez quels genres de personnages légendaires existent en Alsace et pourquoi.

   _____

   _____

   _____

   _____

   _____

3. Quel est, d'après vous, le rapport que l'Alsace maintient avec la France et avec l'Allemagne?

   avec la France

   _____

   _____

   _____

   _____

   avec l'Allemagne

   _____

   _____

   _____

   _____

Chapitre 12
Une Communauté globale

SECTION 1 / *Tu as tout à fait raison!*

FONCTION

ACTIVITE 1: Indiquez si on utilise chacune des expressions suivantes pour dire si on est d'accord (+), pour dire si on est peut-être d'accord (?) ou pour dire si on n'est pas d'accord (–).

_____ 1. Ce n'est absolument pas vrai.

_____ 2. C'est à voir.

_____ 3. Tu veux rire.

_____ 4. Je suis de ton avis.

_____ 5. Tu rigoles.

_____ 6. Ça se peut.

_____ 7. Si tu veux.

_____ 8. Tu as tout à fait raison.

ACTIVITE 2: La musique dépasse les frontières et est à la fois une expression nationale et une expression globale. Les articles suivants, du magazine français *Phosphore*, décrivent deux genres de musique qui ne sont pas français mais que les Français aiment beaucoup. Lisez les articles, puis faites les activités qui suivent.

Classique

«L'amour et la douleur se sont partagé mon être.» Cette phrase de Franz Schubert (1797–1828) résume l'inspiration de sa vie et l'intention de son œuvre. Dans ses *Impromptus*, qui appartiennent à la toute dernière période créatrice lorsque les déboires *(debauches)* amoureux et la maladie viennent tourmenter le musicien, Schubert est au sommet de son art. Et jamais le piano romantique n'a su dire avec aussi peu d'effets la tendresse et le désir de consolation.

(François Dolni)

Blues Toujours...

Stop! Arrêtez les boîtes à rythmes *(boom boxes)*! Mettez les synthés *(synthesizers)* au panier ! En 1991, en pleine période du rap, du funk et de la house and co., on a brusquement envie de retourner aux sources: le blues, la mère de toutes les musiques modernes, revient à la mode. Né au début du siècle dans les champs de coton du sud des Etats-Unis, électrifié dans les seventies par des amoureux comme Eric Clapton, le blues a toujours bon pied bon œil *(in style, in fashion)*. En France, de fidèles baladins des douze mesures, comme Bill Deraime ou Paul Personne, voient leur persévérance enfin récompensée par le succès. Aux Etats-Unis, des pionniers du genre comme Buddy Guy, Albert Collins ou Willie Dixon, retrouvent une seconde jeunesse. Redécouvrez cette musique faite de chair et de sang.

(Philippe Barbot)

A. Vérifiez votre compréhension.

1. De quels genres de musique est-ce qu'on parle? Que pensez-vous de ces genres de musique?

   _____

   _____

   _____

2. D'après François Dolni, comment sont les *Impromptus* de Schubert? Quels événements ou quelles conditions dans la vie personnelle de Schubert ont contribué à ces œuvres?

   _____

   _____

3. Au moment où Philippe Barbot a écrit cet article, quels genres de musique étaient populaires en France?

   _____

4. D'après Barbot, quels genres de musique les blues ont-ils influencé?

   _____

B. Ecrivez une recommandation pour un nouveau disque compact de Schubert, de Paul Personne ou d'un(e) musicien(ne) de votre choix. N'oubliez pas d'utiliser des descriptions simples; des descriptions détailées; des comparaisons; des explications de la valeur humaine de l'œuvre.

1. Descriptions simples

   _____

   _____

2. Descriptions détaillées

   _____

   _____

3. Comparaisons

   _____

   _____

4. Explications de la valeur humaine

   _____

   _____

STRUCTURE

PRATIQUE: Les Modes

ACTIVITE 3: Comme la musique, l'art représente une expression globale: on trouve souvent dans les détails, les scènes et les symboles un caractère fondamentalement international qui représente la nature et la condition humaine. L'art est une expression multinationale qui relie les pays. Lisez le passage suivant, puis faites les activités.

Art abstrait ou art figuratif?

A la suite des artistes cubistes et des recherches de Matisse (un Français), Kandinsky (un Russe) et Mondrian (un Hollandais) voulaient remplacer ce qui est pittoresque (ce qui décrit une réalité évidente) par ce qui est mathématique (ce qui est abstrait). C'est ainsi que l'art abstrait ou non figuratif est né. Il s'en suit des recherches dans l'art de taches, de figures géométriques et d'autres structures qui scandalisent les spectateurs des premières expositions.

Néanmoins un certain nombre de peintres restent attachés à une tradition figurative. Ces artistes continuent à explorer une peinture qui représente une réalité reconnaissable. Bien qu'ils soient aujourd'hui dans la minorité, les peintres de l'art figuratif continuent à intéresser un nombre appréciable d'amateurs.

A. Vérifiez votre compréhension.

1. Expliquez la différence entre l'art abstrait et l'art figuratif d'après le passage.

   _____

   _____

2. De quelles nationalités étaient Kandinsky et Mondrian? Qu'est-ce qu'ils ont voulu faire?

   _____

   _____

3. Quelle était la réaction du public aux premières expositions d'œuvres du style abstrait?

   _____

4. D'après le passage, y a-t-il actuellement plus de peintres dont le style est abstrait ou figuratif?

   _____

   _____

B. Que pensez-vous de l'art figuratif et de l'art abstrait? Commencez chaque phrase avec une expression de votre choix. N'oubliez pas d'utiliser la forme correcte du verbe entre parenthèses.

1. ... les artistes (chercher) à remplacer ce qui est pittoresque.

_____

_____

2. ... ce qui est mathématique (être) plus intéressant que ce qui est pittoresque.

_____

_____

3. ... l'art abstrait ou non figuratif (être) né.

_____

_____

4. ... les structures géométriques (scandaliser) les spectateurs des premières expositions.

_____

_____

5. ... certains artistes (rester) attachés à une tradition figurative.

_____

_____

6. ... ils (être) aujourd'hui dans la minorité

_____

_____

ACTIVITE 4: Le passage que vous allez lire est un extrait de *L'Etranger*, d'Albert Camus. Dans cette scène, Meursault est sur la plage avec son ami Raymond. Plus tôt, deux Arabes avaient insulté Raymond. Ils ont suivi les deux sur la plage. Raymond veut les tuer avec son revolver. Meursault essaie de le persuader de lui donner son revolver pour qu'il ne l'emploie pas. Réfléchissez à la scène, puis complétez les activités qui suivent.

A. Avant de lire le passage, imaginez-vous dans la situation de Meursault et complétez les phrases suivantes.

1. J'ai peur que...

_____

_____

2. Je crains aussi que...

_____

_____

3. Je suis triste que…

_____

_____

4. Il est étrange que…

_____

_____

5. Il est important que…

_____

_____

B. Maintenant, lisez l'extrait, puis complétez les phrases qui suivent.

Nous avons marché longtemps sur la plage. Le soleil était maintenant écrasant. Il se brisait en morceaux sur le sable et sur la mer. J'ai eu l'impression que Raymond savait où il allait, mais c'était sans doute faux. Tout au bout de la plage, nous sommes arrivés enfin à une petite source qui coulait dans le sable, derrière un gros rocher. Là, nous avons trouvé nos deux Arabes. Ils étaient couchés, dans leurs bleus de chauffe graisseux *(greasy work clothes)*. Ils avaient l'air tout à fait calmes et presque contents. Notre venue n'a rien changé. Celui qui avait frappé Raymond le regardait sans rien dire. L'autre soufflait dans un petit roseau et répétait sans cesse, en nous regardant du coin de l'œil, les trois notes qu'il obtenait de son instrument.

Pendant tout ce temps, il n'y a plus eu que le soleil et le silence, avec le petit bruit de la source et les trois notes. Puis Raymond a porté la main à sa poche revolver, mais l'autre n'a pas bougé et ils se regardaient toujours. J'ai remarqué que celui qui jouait de la flûte avait les doigts de pied très écartés. Mais sans quitter des yeux son adversaire, Raymond m'a demandé: «Je le descends?» J'ai pensé que si je disais non il s'exciterait tout seul et tirerait certainement. Je lui ai seulement dit: «Il ne t'a pas encore parlé. Ça ferait vilain de tirer comme ça.» On a encore entendu le petit bruit d'eau et de flûte au cœur du silence et de la chaleur. Puis Raymond a dit: «Alors, je vais l'insulter et quand il répondra, je le descendrai.» J'ai répondu: «C'est ça. Mais s'il ne sort pas son couteau, tu ne peux pas tirer.» Raymond a commencé à s'exciter un peu. L'autre jouait toujours et tous deux observaient chaque geste de Raymond. «Non, ai-je dit à Raymond. Prends-le d'homme à homme et donne-moi ton revolver. Si l'autre intervient, ou s'il tire son couteau, je le descendrai.»

Quand Raymond m'a donné son revolver, le soleil a glissé dessus. Pourtant, nous sommes restés encore immobiles comme si tout s'était refermé autour de nous. Nous nous regardions sans baisser les yeux et tout s'arrêtait ici entre la mer, le sable et le soleil, le double silence de la flûte et de l'eau. J'ai pensé à ce moment qu'on pouvait tirer ou ne pas tirer. Mais brusquement, les Arabes, à reculons, se sont coulés derrière le rocher. Raymond et moi sommes alors revenus sur nos pas.

1. Il est curieux que...

_____

_____

2. Il me semble que...

_____

_____

3. Il est bon que...

_____

_____

4. Je suis heureux (-euse) que...

_____

_____

5. Je trouve que...

_____

_____

C. Répondez aux questions suivantes:

1. Que fait Meursault pour persuader son ami de ne pas tuer les hommes?

_____

_____

2. En quelle mesure est-ce que vous trouvez le passage intéressant? Pourquoi?

_____

_____

SECTION 2 / _Je ne suis pas persuadé(e) que..._

FONCTION

ACTIVITE 1: Complétez les expressions avec les mots qui manquent, puis indiquer si on utilise l'expression pour indiquer qu'on est convaincu (+) ou qu'on n'est pas convaincu (−).

_____ 1. _____ d'accord.

_____ 2. _____ m'étonnerait _____ ...

_____ 3. Je suis _____ et _____ que...

_____ 4. D'après les _____, _____
persuadé(e) que…

_____ 5. Je _____ demande _____…

_____ 6. Je ne _____ pas _____…

_____ 7. _____ n'ai _____ doute _____…

_____ 8. Tout _____ porte _____ croire _____…

ACTIVITE 2: Réagissez aux annonces; indiquez que vous êtes convaincu(e) ou pas convaincu(e) et expliquez pourquoi.

1. On ne peut plus vivre sans ordinateurs.

   _____

   _____

2. La voiture est indispensable.

   _____

   _____

3. On serait plus heureux s'il n'y avait pas de téléphones.

   _____

   _____

4. La technologie mène à un sentiment d'aliénation et à la désintégration sociale.

   _____

   _____

STRUCTURE

PRATIQUE: Les Modes (suite)

ACTIVITE 3: L'article suivant du *Journal français d'Amérique* traite de «la nouvelle vague verte»—le mouvement écologiste. On y rapporte qu'entre 1986 et 1990, les investissements des entreprises destinés à l'environnement ont été multipliés par trois. Lisez l'article, puis faites les activités qui suivent.

Hier subversive, l'écologie est devenue aujourd'hui un argument de marketing au profit des entreprises. Mais sous ce vernis *(varnish)* vert, qui recouvre pratiquement tous les produits et toutes les idées, que reste-t-il de sincère?

La France a viré *(turned)* au vert. Pour ceux qui en doutaient encore, les résultats des dernières élections régionales ont rappelé, si besoin est, la reconnaissance politique d'un phénomène annoncé depuis une vingtaine d'années. Le plus amusant dans ce beau pays qui est le nôtre et qui, peut-être en raison de sa qualité de vie et de la beauté de ses paysages, n'a jamais vraiment fait figure de pionnier en matière de protection de l'environnement, c'est qu'aujourd'hui tout le monde se flatte d'être écologiste. Bref, tout le monde fait de l'écologie à la manière de Monsieur Jourdain de Molière lorsqu'il faisait de la prose: sans le savoir.

A. Vérifiez votre compréhension.

1. Expliquez l'idée principale du passage.

   _____

   _____

2. Quels résultats d'élections soutiennent cette conclusion?

   _____

   _____

3. D'après le passage, est-ce que les Français étaient parmi les premiers pays à «faire de l'écologie»?

   _____

   _____

4. Expliquez la phrase «faire de l'écologie sans le savoir».

   _____

   _____

B. Expliquez ce qu'il faut faire pour vraiment «faire de l'écologie». Utilisez les expressions suivantes.

1. Il faut que…

   _____

   _____

2. Il est nécessaire que…

   _____

   _____

3. Il vaut mieux que…

   _____

   _____

4. Il est très utile que…

   _____

   _____

C. De quoi est-ce que l'auteur du passage veut nous persuader?

   _____

   _____

   _____

ACTIVITE 4: Maintenant lisez la deuxième partie du même article; ensuite, donnez votre opinion sur ce que font plusieurs grandes entreprises vis-à-vis de l'écologie.

Résultat: la naissance de l'écomarketing. Les fabricants et les distributeurs se lancent les uns après les autres au secours de la planète, certains en prenant en charge la sauvegarde des forêts, d'autres, la préservation des flamants roses en Camargue, d'autres, en participant aux journées mondiales pour la Terre, d'autres encore, en parrainant *(sponsoring)* des villes fleuries. Une grande marque de dentifrice investit dans la survie du hêtre *(beech tree)*, une autre spécialisée dans les aliments pour chats défend le chat sauvage, un célèbre vendeur d'anisette plante des arbres dans le Midi de la France, un fabricant de shampooing reverse 5 francs (près d'un dollar) pour purifier une rivière de Normandie. Dans l'attente d'un label officiel, réclamé et annoncé par le ministre de l'Environnement, chacun appose sur ses produits son propre logo écologique, toujours identifiable à sa couleur verte.

Bref, le vert est à la mode. Hypocrisie? Récupération? Une chose est sûre: l'écologie, réconciliée en apparence avec la forme la plus active du capitalisme, est devenue un véritable et sérieux argument de vente et de promotion. La France, qui s'est toujours distinguée de ses voisines européennes par son retard en matière de lutte contre la pollution, vit enfin à l'heure de ce qu'il est convenu d'appeler l'écomarketing.

A. Faites une liste de ce que font les entreprises pour sauvegarder la planète.

_____   _____

_____   _____

_____   _____

_____   _____

B. A quoi est-ce que l'auteur attribue toutes les actions écologistes de la part des entreprises?

_____

_____

C. On dit que les entreprises en France et partout dans le monde essaient de produire mieux, de polluer moins et de vendre plus sous l'étiquette verte. Expliquez si vous êtes persuadé(e) ou si vous doutez que ce soit possible.

1. Je suis sûr(e) que…

_____

_____

2. Je doute que…

_____

_____

3. Il est peu probable que…

   _____

   _____

4. Je suis convaincu(e) que…

   _____

   _____

5. Il est douteux que…

   _____

   _____

D. A votre avis, est-ce que l'étiquette «verte» offre une stratégie de marketing intéressante? Donnez votre point de vue.

   _____

   _____

   _____

   _____

SECTION 3 *Il vaudrait mieux…*

FONCTION

ACTIVITE 1: Dans cet extrait du *Salaire de la peur* de Georges Arnaud, un homme cherche à persuader d'autres à exécuter une mission particulièrement dangereuse: de conduire un camion chargé de nitroglycérine au pied d'un derrick pour l'exploser. Lisez le passage, puis faites les activités qui suivent.

J'ai besoin de quatre chauffeurs pour conduire à pied d'œuvre au derrick Seize deux camions chargés de quinze cents kilos de nitroglycérine. Mes camions sont tout ordinaires, sans amortisseurs compensés *(special shock absorbers)*, sans dispositif spécial de sécurité, en excellent état, rien de plus. Les hommes écoutaient sans grande attention. Jusqu'à présent, ils s'ennuyaient. Ces Yanks étaient tous les mêmes: enragés de discours familiers pour distribution de prix rédigés selon les méthodes de Dale Carnegie. La jambe...

—La nitroglycérine, poursuit le gros O'Brien, en voici.

Il prit dans sa main droite le verre qui était posé sur le bureau et le souleva doucement jusqu'à la hauteur de son épaule.

—Ça n'a l'air de rien, c'est dangereux. D'abord à une température de quatre-vingts degrés, c'est absolument instable; en clair, ça signifie que ça pète *(explodes)* pour un oui ou pour un non. Et au moindre cahot *(jolt)* un peu sec, ça pète aussi. Regardez...

Vingt têtes se penchèrent, se tendirent en avant d'un même geste. Le vieux inclina le récipient. Quelques gouttes affleurèrent au bord, débordèrent. Lorsqu'elles arrivèrent sur le plancher *(floor)* de bois, une pétarade sèche retentit. Quelques bouffées de poussière se soulevèrent. «Merde», dit l'un des hommes avec admiration.

—Ici, c'est sans importance, poursuivit O'Brien. Si ça vous arrive avec deux ou trois cents kilos d'explosif aux fesses *(behind you)*, vous êtes du moins assurés de ne pas souffrir.

Les hommes rirent. Souvent, cette hilarité collective est signe de servilité. Dans les circonstances, dans la situation présente, c'était juste un accès de bonne humeur entre hommes rudes, contents d'avoir trouvé aussi dur qu'eux.

—Voilà, reprit le boss. La seule précaution qui pourra être prise, ce sera de remplir à ras *(fill to the rim)* les récipients, de manière que ça ne ballotte pas. En y allant prudemment sur les pédales, comme pour une jeune mariée; en scrutant chaque pouce du terrain où vous allez poser vos roues *(wheels)*; en surveillant constamment la température de la charge, et enfin avec de la veine *(luck)*, vous pourrez y arriver sans anicroche *(problem)*. Du moins, je le souhaite. Je sais que tout ça n'est que baratin *(talk)* pour la plupart d'entre vous. Si, néanmoins, après mes explications, il y en a qui ne se sentent plus disposés à prendre le risque, ils n'ont qu'à s'en aller.

Il avait fini son cigare. Il marqua un temps, en ralluma lentement un autre, en affectant de ne pas regarder les tramps. Beaucoup attendaient simplement la suite de son discours. Mais vers le fond se formait un parti de la défaite. Six hommes quittèrent les lieux. Parmi eux, Steeves qui tout à l'heure, au Corsario, était le plus enthousiaste candidat à la goélette.

—Vous ne naviguerez pas sous mes ordres, monsieur le déballonné, lui cria Gérard d'un ton moqueur.

—Ça vaut mieux que de ne plus jamais naviguer du tout, répondit l'autre en haussant les épaules.

1. En une ou deux phrases, expliquez l'idée principale du passage.

    _____

    _____

    _____

    _____

2. C'est sans doute une mission très dangereuse. Expliquez les dangers.

    _____

    _____

    _____

    _____

3. D'après l'homme qui parle, pourquoi est-ce qu'on doit accepter de participer à cette mission? Est-ce que vous trouvez ses arguments persuasifs ou plutôt inacceptables?

_____

_____

_____

_____

STRUCTURE

PRATIQUE: Les Temps du subjonctif

ACTIVITE 2: Sous quelles conditions accepteriez-vous de participer à une mission comme celle du roman *Le Salaire de la peur?* Expliquez votre point de vue en complétant chacune des phrases suivantes.

1. Je conduirais le camion afin que…

_____

_____

2. Je (ne) le ferais (pas) parce que…

_____

_____

3. Je participerais à cette mission à condition que…

_____

_____

4. J'accepterais après que…

_____

_____

ACTIVITE 3: Mettez ensemble les éléments suivants pour écrire deux phrases basées sur l'extrait du roman *Le Salaire de la peur* de l'activité 1. Dans la première phrase, utilisez le présent et le présent du subjonctif; dans la deuxième phrase, utilisez l'imparfait et le passé du subjonctif, selon le modèle.

MODELE: je / être surpris(e) / vous / venir

1. Je suis surpris(e) que vous veniez.

2. J'étais surpris(e) que vous soyez venu(e)(s).

A. je / être surpris / vous / accepter de participer à cette mission.

1. _____

2. _____

B. je / craindre / vous / ne pas réussir.

  1. _____

  2. _____

C. je / douter / nous / aller avec vous.

  1. _____

  2. _____

D. il / être nécessaire / ils / conduire lentement et bien.

  1. _____

  2. _____

E. je / avoir peur / le camion / exploser.

  1. _____

  2. _____

NOM: _____

COURS: _____

DATE: _____

Chapitre 12
Une Communauté globale

SECTION 1 / *Tu as tout à fait raison!*

FONCTION

ACTIVITE 1: Vous allez entendre huit petits échanges. Pour chaque échange, indiquez si la deuxième personne est d'accord (+), peut-être d'accord (?) ou n'est pas d'accord (–).

> MODELE: *Vous entendez:* —A mon avis, les romans policiers sont les moins
> intéressants!
>
> —Absolument pas!
>
> *Vous indiquez:* _____–_____

1. _____ 2. _____ 3. _____ 4. _____ 5. _____ 6. _____ 7. _____ 8. _____

ACTIVITE 2: Ecoutez le passage, puis identifiez l'idée principale et vérifiez les détails et les expressions. On va lire le passage une seule fois; il sera peut-être nécessaire de l'écouter plusieurs fois afin de répondre aux questions.

A. De quoi s'agit-il?

1. Le langage est _____ formel. _____ familier.

2. Le ton de la scène est _____ léger. _____ poli et respectueux.

_____ sérieux. _____ familier.

B. Employez les éléments ci-dessous aussi bien que d'autres de votre choix pour faire le résumé du passage.

le ministre de la Culture
critiquer par la presse française
la médaille de chevalier des Arts et des Lettres

_____

_____

_____

C. Pour vérifiez votre compréhension, indiquez si les phrases sont vraies (V) ou fausses (F).

_____ 1. Jack Lang est le ministre de la Culture en France.

_____ 2. Il y a dix ans, Jack Lang était pour le Festival du Film Américain.

_____ 3. Le ministre de la Culture française a donné une médaille française prestigieuse à plusieurs stars américaines.

_____ 4. La presse française soutient son choix de stars.

_____ 5. Les «protecteurs des valeurs culturelles traditionnelles françaises» sont aussi contents de son choix d'acteurs ou d'actrices.

D. Répondez aux questions suivantes.

1. Pourquoi le ministre de la Culture était-il contre le Festival du Film Américain à Deauville?

_____

_____

2. A quelles stars américaines, Jack Lang a-t-il donné la médaille de chevalier des Arts et des Lettres?

_____

_____

3. A qui pense-t-il donner la médaille à l'avenir?

_____

STRUCTURE

PRATIQUE: Les Modes

ACTIVITE 3: Vous allez entendre dix recommandations. Indiquez si chaque recommandation est à l'indicatif, à l'impératif, au subjonctif ou au conditionnel. On va lire chaque recommandation une fois.

MODELE: *Vous entendez:* Allons-y tout de suite.

Vous cochez: impératif

indicatif	impératif	subjonctif	conditionnel
_____	_____X_____	_____	_____
1. _____	_____	_____	_____
2. _____	_____	_____	_____
3. _____	_____	_____	_____
4. _____	_____	_____	_____
5. _____	_____	_____	_____
6. _____	_____	_____	_____

7. _____ _____ _____ _____

8. _____ _____ _____ _____

9. _____ _____ _____ _____

10. _____ _____ _____ _____

ACTIVITE 4: Vous allez entendre une phrase. Mettez ensemble les expressions ci-dessous et la phrase que vous entendez pour recommander quelque chose à quelqu'un. Faites très attention au temps du verbe. Après chaque phrase, vous allez entendre la réponse correcte.

> MODELE: *Vous lisez ci-dessous:* donner la médaille à Robert Redford
>
> *Vous entendez:* Pourquoi ne pas…
>
> *Vous dites:* Pourquoi ne pas donner la médaille à Robert Redford?
>
> *Vous entendez:* Pourquoi ne pas donner la médaille à Robert Redford?

1. aller au cinéma avec eux

2. acheter ce roman

3. faire le voyage

4. m'expliquer votre opinion

5. venir avec nous

6. ne pas voir le film avec Sylvester Stallone

7. acheter le nouveau disque de Vanessa Paradis

8. y aller tout de suite

SECTION 2 / *Je ne suis pas persuadé(e) que…*

FONCTION

ACTIVITE 1: Vous allez entendre huit phrases qu'on va lire une fois chacune. Indiquez si la personne qui parle est convaincue (+) ou si elle n'est pas persuadée (–).

> MODELE: *Vous entendez:* Je n'ai aucun doute que la technologie nous apporte plus de bien que de mal.
>
> *Vous écrivez:* ____+____

1._____ 2. _____ 3. _____ 4. _____ 5. _____ 6. _____ 7. _____ 8. _____

ACTIVITE 2: Vous allez entendre un article tiré du magazine français *Le Point* qui traite des ordinateurs de l'avenir. On va le lire une seule fois; il sera peut-être nécessaire de l'écouter plusieurs fois afin de répondre aux questions.

A. Décrivez l'article.

1. Le langage est _____ formel. _____ familier. _____ formel et familier.

2. Le ton de la scène est _____ léger. _____ sérieux. _____ sarcastique. _____ poli.

B. Employez les expressions suivantes aussi bien que d'autres de votre choix pour écrire le résumé de l'article.

les ordinateurs

à mémoires électroniques

des qualités sans comparaison

l'optique

_____

_____

_____

_____

C. Vérifiez votre compréhension en répondant aux questions suivantes.

1. En quoi est-ce que les ordinateurs de l'avenir seront différents des ordinateurs actuels?

_____

2. Qu'est-ce qui remplacera les disques et les bandes magnétiques?

_____

3. On dit que les nouveaux ordinateurs auront quatre «qualités sans comparaison avec ce que nous connaissons». Nommez-en au moins deux.

_____

_____

4. Quels laboratoires travaillent sur les mémoires optiques?

_____

_____

D. Complétez les expressions suivantes pour indiquer si vous êtes ou n'êtes pas convaincu que les nouveaux ordinateurs seront les meilleurs.

1. Je suis persuadé(e) que... _____

_____

2. Tout me porte à croire que... _____

_____

3. Je suis surpris(e) que... _____

_____

4. D'après cet article, je n'ai aucun doute que... _____

_____

Par contre...

5. Je doute que... _____

_____

6. Je ne pense pas que... _____

_____

7. Je ne suis pas convaincu(e) que... _____

_____

8. Je me demande si... _____

_____

STRUCTURE

PRATIQUE: Les Modes (suite)

ACTIVITE 3: Vous allez entendre huit phrases deux fois chacune. La première fois, indiquez si chaque phrase représente un ordre, une suggestion ou un doute. La deuxième fois, identifiez le temps du verbe.

MODELE: *Vous entendez:* Va m'acheter ce livre tout de suite.

Vous cochez: ordre

Vous entendez: Va m'acheter ce livre tout de suite.

Vous cochez: impératif

Commencez.

	ordre	suggestion	doute		indicatif	impératif	subjonctif	conditionnel
	X					X		
1.								
2.								
3.								
4.								
5.								
6.								
7.								
8.								

ACTIVITE 4: Le passage que vous allez entendre est adapté du magazine français *Le Point*. Il s'agit d'un service touristique informatisé qui offre toute une gamme de renseignements. Ecoutez le passage, puis faites les activités qui suivent.

A. Vérifiez votre compréhension en répondant aux questions suivantes.

1. Quel est l'objectif du nouveau programme?

   _____

   _____

   _____

2. L'auteur de l'article indique que le programme offre environ dix services différents. Expliquez-en au moins six.

   a. _____

   b. _____

   c. _____

   d. _____

   e. _____

   f. _____

B. Complétez chaque phrase avec l'expression de votre choix et avec la forme correcte du verbe entre parenthèses pour expliquer ce que vous pensez du service de renseignements.

1. _____ les passagers du tunnel sous la

   Manche _____ (avoir) besoin de renseignements sur la

   région.

2. _____ la société Xis

   _____ (être) déjà très connue pour la grande qualité de

   sa communication.

3. _____ le nouveau service

   _____ (être) le plus innovateur au monde.

4. _____ ce service

   _____ (ajouter) à l'information touristique traditionnelle

   toute une série d'innovations.

5. _____ beaucoup de voyageurs

   _____ (choisir) d'utiliser le service.

PHONETIQUE: Le **e** caduc

Students of French are well aware that the letter **e** is silent in final position. Also not pronounced are the third-person-plural endings of the present tense. For instance, the words **une, chaises, parlent,** and **finissent** are all pronounced without a final **e** sound. However, in short one-syllable words, the **e** sound is often retained, for example, in **je, me, te, le, se, ce, que, de, ne.**

Within words, an unaccented letter **e** is normally pronounced only if it is preceded by two pronounced consonants. If it is preceded by only one consonant, it is usually dropped. Contrast the following words:

> **e** preceded by one pronounced consonant is dropped:
> **céleri, mangerez, fenêtre, au revoir, à demain**
> **e** preceded by two pronounced consonants is kept:
> **appartement, gouvernement, vendredi, subvenir**

ACTIVITE 5: Répétez les expressions et les phrases suivantes en faisant très attention à la prononciation de la lettre **e.**

1. Cinq ans après avoir signé la convention avec le gouvernement français, les héritiers de Walt Disney ouvrent leur premier parc européen.

2. L'événement est perçu comme une déroute culturelle.

3. Il faut informer les passagers anglais qui arrivent en France.

4. Il vaut mieux que tu trouves une autre solution.

SECTION 3	*Il vaudrait mieux...*

FONCTION

ACTIVITE 1: Le passage que vous allez entendre, tiré du *Journal français d'Amérique,* s'adresse au développement d'une ligne de TGV entre la France et l'Allemagne. Ecoutez le passage, puis vérifiez l'idée principale, les détails et les expressions importantes. On va lire l'article une fois; il sera peut-être nécessaire de l'écouter plusieurs fois afin de répondre aux questions.

A. Décrivez le passage.

1. Le langage est _____ formel. _____ familier.

2. Le ton du passage est _____ léger. _____ poli mais amusé.

   _____ familier. _____ sérieux.

B. Expliquez l'idée principale du passage en une ou deux phrases.

_____

_____

C. Pour bien vérifier votre compréhension, faites les activités suivantes.

1. Qui s'est mis d'accord?

_____

_____

2. Combien de temps faut-il (faudra-t-il) pour faire les trajets suivants?

	Paris → Strasbourg	Paris → Francfort	Paris → Munich
au moment actuel	_____	_____	_____
à l'avenir par TGV	_____	_____	_____

3. Quelle est la date de l'installation de la ligne? Pourquoi?

_____

_____

4. Que pensez-vous des projets pareils entrepris par des pays européens voisins?

_____

_____

_____

STRUCTURE

PRATIQUE: Les Temps du subjonctif

ACTIVITE 2: Ecoutez bien chacune des propositions qui suivent, puis identifiez le temps du subjonctif (présent ou passé).

MODELE: *Vous entendez:* ... que nous ayons tout fait.

Vous cochez: le passé du subjonctif

le présent du subjonctif	le passé du subjonctif		le présent du subjonctif	le passé du subjonctif
1. _____	_____	6.	_____	_____
2. _____	_____	7.	_____	_____
3. _____	_____	8.	_____	_____
4. _____	_____	9.	_____	_____
5. _____	_____	10.	_____	_____

SCENARIO

Cet article traite de l'ouverture du nouveau parc Euro Disney, de l'opinion publique sur le parc et des projets pour l'avenir. Ecoutez bien l'article, puis faites les activités qui suivent. On va lire l'article une fois; il sera peut-être nécessaire de l'écouter plusieurs fois afin de répondre aux questions.

A. Ecoutez le passage. Tout en écoutant, notez les détails suivants afin de compléter la partie B ci-dessous.

1. Description du parc Euro Disney (date d'ouverture, genre de bâtiments, des projets pour l'avenir, ...)

   _____

   _____

   _____

2. Opinions (du public, de certains intellectuels, des professionnels du tourisme, de M. Mitterrand, ...)

   _____

   _____

   _____

B. Expliquez le pour ou imaginez le contre du parc Euro Disney. Utilisez le vocabulaire et les phrases que vous avez notés dans la partie A ci-dessus aussi bien que d'autres de votre choix.

Pour: Euro Disney a été accepté par un public enthousiaste! A mon avis, ...

Contre: Nous pensons qu'Euro Disney est une déroute culturelle complète.

_____

_____

_____

_____

_____

_____

C. A votre avis, dans quelle mesure est-ce qu'un pays doit être «ouvert aux influences étrangères» telles qu'Euro Disney?

_____

_____

_____

_____

_____

_____

Réponses pour les activités de préparation

CHAPITRE 1   **Section 1**

ACTIVITE 2:   1. nous   2. il   3. tu   4. ils   5. elle   6. je   7. elles   8. vous

ACTIVITE 3:   1. a, d   2. b, c, d   3. b, c

Section 2

ACTIVITE 3:
1.   Je compte sortir avec des amis (rester à la maison) ce week-end.
2.   Je (ne) peux (pas) sortir avec des amis après la classe aujourd'hui.
3.   J'aime (Je n'aime pas) regarder les sports à la télé.
4.   Je (ne) sais (pas) jouer au tennis…
5.   Je préfère écouter la musique classique (le rock).
6.   J'espère (Je n'espère pas) regarder un film ce soir.
7.   Je (ne) vais (pas) regarder la télévision (assister à un concert) ce week-end.
8.   Je (ne) dois (pas) travailler (étudier) ce soir.

ACTIVITE 4:
1.   Nous (n') aimons (pas) bien + *infinitif*
2.   Nous (ne) désirons (pas) + *infinitif*
3.   Nous (ne) détestons (pas) + *infinitif*
4.   Nous (n') osons (pas) + *infinitif*
5.   Nous (ne) préférons (pas) + *infinitif*
6.   Nous (ne) voulons (pas) + *infinitif*

Section 3

ACTIVITE 3:
la musique: 1. la   2. le   3. les   4. l'   5. le   6. le   7. la   8. les
le cinéma: 9. les   10. les   11. les   12. les   13. l'   14. l'   15. la   16. l'
les sports: 17. du   18. le   19. la   20. au   21. le   22. aux   23. les

CHAPITRE 2   **Section 1**

ACTIVITE 3:
Partie A: 1. tu as voyagé   2. il a fini   3. vous avez attendu   4. elles sont allées
   5. nous sommes parti(e)s   6. elle est descendue
Partie B: 7. j'ai eu   8. vous avez fait   9. elles ont été   10. tu es venu(e)   11. nous avons pu
   12. il est né   13. vous avez connu   14. vous avez pris   15. ils ont dit

Section 2

ACTIVITE 3:
Verbes réguliers: 1. je finissais   2. tu vendais   3. il dansait   4. je plaçais
   5. nous travaillions   6. vous choisissiez   7. ils attendaient   8. elles nageaient
Verbes irréguliers au présent: 9. j'allais   10. nous avions   11. ils buvaient   12. elle devait
   13. vous disiez   14. tu écrivais   15. elles faisaient   16. vous lisiez   17. tu pouvais
   18. nous prenions   19. elle voulait

Section 3

ACTIVITE 2:
1. Madame Chevel a des amies. Sujet: Madame Chevel. Objet direct: des amies
2. Elle participe à des soirées. Sujet: Elle. Objet de la préposition **à:** des soirées
3. Elle habite avec son mari et ses trois enfants. Sujet: Elle. Objet de la préposition **avec:** son mari et ses trois enfants.
4. Elle lit un roman. Sujet: Elle. Objet direct: un roman
5. Elle parle longtemps avec quelqu'un. Sujet: Elle. Objet de la préposition **avec:** quelqu'un
6. Les coureurs du Tour affrontent des épreuves dures. Sujet: Les coureurs. Objet direct: des épreuves
7. Ils quittent Revel très tôt. Sujet: Ils. Objet direct: Revel.
8. Ils traversent un parcours plat. Sujet: Ils. Objet direct: un parcours.

CHAPITRE 3   Section 1

ACTIVITE 3:
1. C'est un vieux monsieur obstiné et avare.
2. C'est une femme réservée et altruiste.
3. C'est une jolie petite fille active et gentille.
4. Ce sont de nouveaux directeurs de finance conservateurs et stricts.
5. C'est une jeune dentiste calme et sérieuse.
6. Ce sont de beaux acteurs amusants et bavards.
7. Ce sont de nouvelles patronnes intelligentes et courageuses.
8. C'est un professeur chaleureux, ouvert et amusant.

*Note in questions 4, 6, and 7 that **des** becomes **de** before a plural adjective that precedes the noun.

Section 2

ACTIVITE 3:
—Hé! Là!
—Qui? **Moi?** Vous me parlez à **moi?**
—Oui, c'est à **vous** que je parle. Vous connaissez cet individu?
—**Elle?** Non, je ne connais pas cette jeune fille.
—Non, pas la jeune fille, mais le jeune homme. Vous le connaissez, **lui?**
—Pas du tout.
—Vous êtes sûr? Vous n'êtes pas des cousins, **vous** et **lui,** par hasard?
—Mais c'est Jean! C'est bien **lui!** Je ne l'avais pas reconnu!
—Dans ce cas, voulez-vous venir avec **moi** à la préfecture?
—Vous plaisantez, je n'ai rien fait, **moi!**

Section 3

ACTIVITE 2:   1. a   2. b   3. a   4. a   5. b   6. b   7. b   8. b

ACTIVITE 3:
1. L'année dernière, j'ai acheté ma première voiture. Ce n'était pas une voiture chère.
2. A la fête de Christine, j'étais le seul homme.
3. C'est un homme simple qui vient d'une famille pauvre.
4. Voici ma chère amie Josette. Elle a une certaine idée sur le mariage.
5. J'ai rencontré Mariane et le jour même nous nous sommes fiancés.
6. Je n'ai pas besoin d'argent. J'ai mon propre compte en banque.
7. J'ai rencontré un ancien ami. Je ne l'avais pas vu depuis dix ans.
8. Excusez-moi. Je descends à la prochaine station.

CHAPITRE 4 **Section 1**

ACTIVITE 3:   1. ils disent   2. il m'a dit   3. nous lisons   4. vous avez lu   5. vous écrivez
6. je te dis, écrire   7. tu écris, lire   8. on dit, on lit, on écrit

Section 2

ACTIVITE 3:
Partie A: 1. tu avais voyagé   2. il avait fini   3. vous aviez attendu   4. elles étaient allées
     5. nous étions parti(e)s   6. elle était descendue
Partie B: 7. j'avais eu   8. vous aviez fait   9. elles avaient été   10. tu étais venu(e)
     11. nous avions pu   12. il était né   13. vous aviez connu   14. vous aviez pris
     15. ils avaient dit

Section 3

ACTIVITE 2:
1.   littéraire; *avait:* description
2.   littéraire; *eut terminé:* précède une autre action; *eut:* temps terminé
3.   conversationnel; *a été:* temps terminé
4.   conversationnel; *discutions:* temps continu; *est venu:* temps terminé
5.   littéraire; *joua:* temps terminé; *était lié:* description
6.   conversationnel; *avez compris:* temps terminé

CHAPITRE 5 **Section 1**

ACTIVITE 3:   1. permettez   2. admet   3. mets   4. permettent   5. comprends
6. prennent   7. comprenons   8. prend

Section 2

ACTIVITE 3:
1.   Nous n'avons pas peur des monstres dans les dessins animés.
2.   Vous êtes fier du travail que vous avez fait?
3.   J'ai besoin de temps libre parce que je suis toujours trop pressé(e).
4.   Nous rêvons toute la nuit de nos vacances à Chicoutimi au Canada.
5.   Ils font la connaissance du professeur.
6.   Vous vous souvenez du voyage en Europe l'été passé.

Section 3

ACTIVITE 2:
1.   Quelque chose de vulgaire.
2.   Quelque chose de très amusant.
3.   Quelqu'un que je ne connais pas.
4.   Quelqu'un de distingué.
5.   Quelqu'un qui va réussir dans la vie.
6.   Quelque chose de très salé.

CHAPITRE 6   Section 1

ACTIVITE 3:   1. tu te laves   2. nous nous peignons   3. vous vous maquillez
4. il se détend   5. ils se préparent   6. tu te lèves (Remember the *accent grave* on all forms
except *nous* and *vous*)   7. je m'habille   8. vous vous rasez   9. tu te couches
10. il se regarde

Section 2

ACTIVITE 3:   1. Voyage!   2. Finis!   3. Attendons!   4. Allons!   5. Partez!
6. Descendez!   7. Aie!   8. Faisons!   9. Soyez!   10. Viens!   11. Lisons!   12. Dormez!
13. Cours!   14. Prenons!   15. Dites!

Section 3

ACTIVITE 2:   1. Tu t'es levé(e)   2. Tu t'es lavé le visage   3. Nous nous sommes peigné
les cheveux   4. Nous nous sommes détendu(e)s   5. Vous vous êtes maquillé(e)(s)
6. Vous vous êtes débrouillé(e)(s)   7. Elle s'est inquiétée   8. Tu t'es regardé(e)
9. Ils se sont préparé le déjeuner   10. Elles se sont préparées.

CHAPITRE 7   Section 1

ACTIVITE 3:
1.   a. Ce sont les micro-ordinateurs du professeur.
      b. Les micro-ordinateurs sont au professeur.
      c. Ce sont ses micro-ordinateurs.
2.   a. Ce sont les voitures de sport des amies.
      b. Les voitures de sport appartiennent aux amies.
      c. Ce sont leurs voitures de sport.
3.   a. L'appareil-photo appartient à nous.
      b. C'est notre appareil-photo.
4.   a. Le téléviseur couleur est à toi.
      b. C'est ton téléviseur couleur.

Section 2

ACTIVITE 3:
1.   —*Quel* lecteur laser vous intéresse?
      —*Ce* lecteur laser-ci ou même *ces* lecteurs lasers-là.
2.   —*Quelle* mobylette est-ce que vous trouvez la plus intéressante?
      —*Cette* mobylette-ci ou bien *ces* mobylettes-là.
3.   —*Quel* appareil-photo aimes-tu?
      —*Cet* appareil-photo-ci mais pas *cet* appareil-photo-là.
4.   —*Quels* baladeurs vous intéressent?
      —*Ces* baladeurs-ci ou bien *ce* baladeur-là.
5.   —*Quelles* cassettes aimez-vous?
      —*Cette* cassette-ci ou peut-être *ces* cassettes-là.

Section 3

ACTIVITE 3:
1.   Je vois ta nouvelle statue là-bas et je trouve qu'elle est très intéressante.
2.   Est-ce que tu sais où on peut voir des tableaux expressionnistes?
3.   Connaissez-vous des artistes?
4.   Nous avons voyagé dans la région de Bordeaux et nous avons bu un très bon vin.
5.   Ah, oui! Je crois vraiment que Picasso est l'artiste moderne le plus célèbre.
6.   Savez-vous qui a peint *La Joconde (Mona Lisa)?*

CHAPITRE 8   **Section 1**

ACTIVITE 3:   1. que tu entres   2. que nous parlions   3. que vous écoutiez
4. qu'il porte   5. qu' ils choisissent   6. que nous finissions   7. que tu obéisses
8. que je grossisse   9. que vous vendiez   10. que tu rendes   11. qu'il attende
12. que nous descendions

Section 2

ACTIVITE 3:   1. que tu aies   2. que nous soyons   3. que vous fassiez   4. qu'il aille
5. qu'ils sachent   6. que nous venions   7. que tu veuilles   8. que je prenne
9. que vous ayez   10. que tu puisses   11. qu'il soit   12. que nous allions

Section 3

ACTIVITE 2:   1. h   2. b   3. e   4. j   5. c   6. i   7. f   8. g   9. d   10. a   11. k

CHAPITRE 9   **Section 1**

ACTIVITE 3:   1. Je vais terminer mes études le semestre prochain.   2. Nous n'allons
pas travailler le week-end.   3. Elle va travailler dans une grosse compagnie industrielle.
4. Tu vas obtenir quelque chose de branché.   5. Ils ne vont pas chercher de travail
tout de suite.   6. Vous allez élargir votre horizon.   7. Il ne va pas être au chômage.
8. Elles vont avoir un travail routinier.

Section 2

ACTIVITE 3:   1. Tu veux   2. Il peut/veut/doit   3. Je peux/veux   4. vous pouvez
5. Ils ne peuvent rien…   6. Je peux/veux/dois   7. vous ne pouvez / devez pas/…
8. je peux/veux/dois.

Section 3

ACTIVITE 2:   1. tu pars   2. tu finis   3. tu souffres   4. il maigrit   5. il cueille   6. il ment
7. nous ouvrons   8. nous grossissons   9. nous sentons   10. elles sortent   11. elles
choisissent   12. elles découvrent   13. vous souffrez   14. vous dormez   15. vous rougissez

CHAPITRE 10   **Section 1**

ACTIVITE 3:   1. j'achète   2. j'achèterai   3. tu appelles   4. tu appellerais   5. il jette
6. il jetterait   7. nous payons   8. nous paierions   9. vous amèneriez   10. vous enlèverez
11. elles rappelleront   12. elles essuient   13. j'essaierais   14. ils emploieront
15. vous essaieriez

Section 2

ACTIVITE 3:
1.   Si j'étudie beaucoup, je trouverai un emploi.
2.   J'obtiendrai mon diplôme si je réussis dans tous mes cours.
3.   Si je gagnais un bon salaire, je serais heureux.
4.   Si je trouvais un bon poste, je pourrais acheter une voiture.
5.   J'aiderais les gens si j'avais le temps.
6.   Si vous voulez réussir, ne faites pas de politique.

Section 3

ACTIVITE 3:   1. Il fait le lit.   2. Elle fait la cuisine.   3. Elle fait le linge. *ou:* Elle fait la lessive.
4. Il fait la vaisselle.   5. Il fait une promenade.   6. Elle fait un voyage; Elle fera du ski.
7. Ils font du sport (du football).

CHAPITRE 11 Section 2

ACTIVITE 3:

1.   En riant, il raconte une histoire. *ou:* En racontant une histoire, il rie.
2.   En travaillant, nous réussirons à notre carrière.
3.   En lisant le roman, Jean écoute la radio. *ou:* Jean lit le roman en écoutant la radio.
4.   En travaillant, Martine chantait. *ou:* En chantant, Martine travaillait.
5.   En tombant, il s'est cassé le bras.
6.   En écoutant la chanson, je prends mon café. *ou:* En prenant mon café, j'écoute la chanson.